APANHAR AR, APANHAR SOL
by Isabel Minhós Martins, illustrated by Bernardo P. Carvalho

Text © Isabel Minhós Martins, Planeta Tangerina 2022
Illustrations © Bernardo P. Carvalho, Planeta Tangerina 2022
All rights reserved.
First published in Portuguese as APANHAR AR, APANHAR SOL.

This Korean edition was published by Wonderbox in 2024 under license from Editora Planeta Tangerina, Portugal, in arrangement with KOJA AGENCY through KCC(Korea Copyright Center Inc.), Seoul.

이 책은 (주)한국저작권센터(KCC)를 통한 저작권자와의 독점계약으로 원더박스에서 출간되었습니다.
저작권법에 의해 한국 내에서 보호를 받는 저작물이므로 무단전재와 복제를 금합니다.

공기를 느껴 봐
태양을 느껴 봐

2024년 2월 22일 초판 1쇄 발행

글	이자벨 미뇨스 마르팅스
그림	베르나르두 카르발류
옮김	유민정
감수	김추령
펴냄	류지호
편집	이기선, 김희중, 곽명진
디자인	쿠담디자인
펴낸 곳	원더박스 (03169) 서울시 종로구 사직로10길 17, 301호
	대표전화 02-720-1202 팩시밀리 0303-3448-1202
	출판등록 제2022-000212호(2012.6.27.)

ISBN 979-11-92953-25-0 (73400)

- 잘못된 책은 구입하신 서점에서 바꾸어 드립니다.
- 스마트폰으로 QR코드를 스캔하면 도서 목록으로 연결됩니다.
- 독자 여러분의 의견과 참여를 기다립니다.
  블로그 blog.naver.com/wonderbox13, 이메일 wonderbox13@naver.com

공기를 느껴 봐

이자벨 미뇨스 마르팅스 글
베르나르두 카르발류 그림
유민정 **옮김** · 김추령 **감수**

원더박스

바람은 모든 것을 퍼뜨리고 순환시켜요

씨앗, 꽃가루, 거미, 나비, 제비, 앨버트로스,
수천 종의 미생물, 뜨거운 공기와 차가운 공기,
습기를 비롯한 수많은 것이
몇 미터에서 수천 킬로미터까지 멀리,
지표면에 아주 가까운 곳부터 대류권의 꼭대기까지 높이
바람의 도움으로 여행합니다!

바람이 없었다면, 지구는 이렇게 온화하지 않았을 거예요.
바람이 없었다면, 비도 거의 내리지 않았을 거예요.
바람이 없었다면, 꽃가루받이도 새의 이동도 없었을 거예요.
(있었더라도 지금과 같은 방식은 아니었겠죠.)

바람이 없었다면, 우리가 여기 없었을 가능성이 커요.

바람 느끼기
콧등을 스치는 바람이 느껴지나요?

불어오는 바람에 주의를 기울여 봐요.

콧등을, 팔에 난 솜털을, 속눈썹과 눈썹을 스치는
바람이 느껴지나요?

등과 목을 어루만지는 부드러운 바람은요?

신발을 벗고 발가락 사이를 지나는 바람을 느껴 봐요.

밤이 되니 공기의 온도가 어떻게 변했나요?

여러분이 떼 지어 수천 킬로미터를 이동하는 제왕나비라면
공기의 온도 변화를 잘 알아차려야 해요. 차가운 공기가
밀려들면 얼어 죽지 않기 위해 비행을 시작해야 하거든요.

보퍼트 제독님의 풍력 등급표를 소개합니다

프랜시스 보퍼트(1774년 출생, 1857년 사망) 제독님이 젊었을 적에, 여행하는 도중 배가 난파했어요. 엉터리 항해 지도 때문이었죠. 이 일을 겪고서 바다의 무서움을 깊이 느낀 제독님은, 뱃사람들이 사고를 예측할 수 있도록 지도를 제작하는 등 평생 여러 가지 일을 했답니다.

제독님의 여러 업적 가운데 하나가 제독님 이름을 딴 풍력 등급표예요. 세심한 관찰을 바탕으로 탄생한 '보퍼트 풍력 등급표'는 누구나 쉽게 사용할 수 있습니다.
(11~13쪽의 등급표에서 바람의 세기에 따라 땅과 바다에서 무슨 일이 일어나는지 살펴봐요.)

땅에서는 무슨 일이 일어날까요?

0 - 고요 / 1 - 실바람 / 2 - 남실바람 / 3 - 산들바람

굴뚝 연기가 수직으로 올라가요.

굴뚝 연기가 옆으로 휘는 걸 보고 바람의 방향을 알 수 있어요.

나뭇잎이 천천히 흔들려요.

나뭇잎과 깃발이 쉬지 않고 흔들려요.

4 - 건들바람 / 5 - 흔들바람 / 6 - 된바람 / 7 - 센바람

나뭇잎과 먼지, 종잇조각이 날려요. 작은 나뭇가지가 손을 흔들어요.

작은 나무 전체가 흔들려요.

우산을 펼친 채로 있기 힘들어요.

바람을 안고 걷기 어려워요.

공기를 느껴 봐

8 - 큰바람 / 9 - 큰센바람 / 10 - 노대바람

바람을 안고 걷기가 아주 힘들고, 작은 나뭇가지가 꺾여요.

작은 건물이 조금 피해를 입고, 큰 나뭇가지가 꺾여요. 바람을 안고 걸을 수 없어요!

바람의 힘으로 나무가 뿌리째 뽑히고 많은 건물이 파괴돼요.

강력한 폭풍과 허리케인이 오면 12등급인 싹쓸바람이 불기도 해요. 부디 이 바람을 만나지 않길 바랍니다.

11

바다에서는 무슨 일이 일어날까요?

0 - 고요
물결이 거울 같아요.

1 - 실바람
물결이 부드럽게 움직여요.

2 - 남실바람
물거품 없이 잔물결이 일어요.

3 - 산들바람
작은 아기 양(포르투갈에서 흰 물거품을 부르는 말)이 있는 잔물결이 일어요.

4 - 건들바람
아기 양이 있는 물결이 일어요.

5 - 흔들바람
파도의 높이가 2.5미터에 이르고, 물거품이 많이 생겨요.

6 – 된바람

우리를 튕겨 낼 정도의 큰 파도 (최고 높이 3.5미터)가 일어요.

7 – 센바람

물거품과 물보라가 많이 생겨요 (최고 파도 높이 4.5미터).

8 – 큰바람

파도(최고 파도 높이 5미터)가 큰 소리를 내며 부서지고 물거품이 많이 생겨요. 배는 항구에 머물러요.

9 – 큰센바람

파도가 7미터 높이까지 치솟아요. 물보라가 심해 앞이 잘 보이지 않아요.

10 – 노대바람

물거품 때문에 해수면이 하얗게 보이고, 파도가 9미터 높이까지 치솟아요.

태풍

태풍은 세기에 따라 다섯 등급으로 나뉘어요.

바람 일기를 써요

보퍼트 풍력 등급표를 참고해 오늘의 바람에 대한 글을 써 봐요.

휘파람을 불어서
바람을 불러요

부드러운 바람을 원하면
부드럽게 휘파람을 불어요.
강한 바람을 원하면
있는 힘을 다해 휘파람을 불어요.

옛날에 어느 바닷가에 살던 어부들은
이렇게 믿었대요.
자기의 숨이 자기 아닌 것의 숨에
영향을 줄 수 있다고 말이죠.

공기를 느껴봐

이상한 물체가 날아가는 걸 본 적 있나요?

보았다면 여기에 그려 봐요.

공기를 느껴 봐

소리를 질러 봐요

야호!

우와

공기는 소리를 전달하는 역할도 해요. 목소리, 노래, 고함을 모두 실어 나르지요. 바깥에서 혼자 또는 친구 몇 명과 목소리를 내는 두 가지 실험을 해 봐요.

1. 친구들과 말을 주고받으면서 서로의 목소리가 더 이상 들리지 않는 곳까지 천천히 멀어져요. 그런 다음 귀를 쫑긋 세워 봐요. 목소리가 들리지 않으면 조금 다가섰다가 다시 서로의 소리가 들리면 조금 더 멀리 옮겨 가기를 되풀이하면서, 목소리가 들리지 않기 시작하는 정확한 지점을 찾아 봐요.

2. 소리가 울리는 곳(다리 밑, 터널 안)으로 가서, 자기 목소리를 테니스공이라 상상하며 벽을 향해 목소리를 힘껏 던져 봐요.

일기 예보를 말씀드립니다

풍향
바람이 불어오는 방향. '동풍', '서풍'처럼 방향에 맞춰 부름.

풍속
바람이 부는 속도. 초당 몇 미터의 속도인지로 표현함.

기압
먹구름을 흩뜨리거나 비가 내리는 날씨를 불러옴.

고기압
화창하고 구름이 적은 날씨를 불러옴.

바람 부는 날 카페에서

웬 바람이람?

머리카락을 날려서 우산 모양으로 만드는 센 바람.

코가 얼겠네!

콧구멍을 파고드는 차가운 바람.

날이 왜 이래!

그때그때 뜻이 달라요. 너무 춥거나, 너무 덥거나, 비가 너무 많이 오거나, 바람이 너무 세거나….

으, 숨 막혀!

환기가 잘 되지 않아 시원한 곳으로 가고 싶을 때.

아, 고요하다!

바람이 불지 않고 조용할 때.

참을 수 없이 더운 날도 견딜 수 있게 해 주는 부드러운 산들바람.

정말 고마운 바람이군.

공기를 느껴 봐

어디에나 바람이

사물을 통과하는 바람 소리를 들어 봐요. 빈 병처럼 소리가 나지 않을 것 같은 사물에서도 바람 소리가 난답니다.

공기의 무게는 얼마인가요?

공기는 무한하지는 않지만 양이 엄청나답니다. 우리가 숨 쉴 수 있는 공기의 무게가 자그마치 520경(52 뒤에 0이 17개 붙은 수) 킬로그램이나 되거든요. 숨을 들이마셔요, 내쉬어요.

성인은 1분에 열네 번쯤 숨을 들이쉽니다. 그리고 콧구멍을 열 때마다 약 0.5리터의 공기를 들이마시죠.

어린이는 성인보다 숨을 더 자주 쉬지만, 한 번에 들이마시는 공기의 양은 더 적습니다. 숨을 들이마셔요, 내쉬어요.

공기를 느껴 봐

1분에 몇 번 숨을 들이마시는지 세어 봐요.

바로 지금: _____
운동 후에: _____
사랑하는 사람을 볼 때: _____

긴장될 때 숨을 더 길게 내쉬어 호흡수를 줄이면 조금 편안해져요. 한번 해 봐요.

공기에는 산소만 있는 게 아니에요

우리가 공기에 대해 이야기할 때 가장 먼저 떠오르는 기체는 산소입니다.
하지만 대기 중에 가장 많이 존재하는 기체는 산소가 아니라 질소예요.

비율은 다음과 같아요.
- 78퍼센트: 질소.
- 21퍼센트: 산소.
- 1퍼센트: 아르곤, 이산화탄소, 수소를 비롯한 나머지 기체.

이 밖에도 장소에 따라 다음과 같은 다양한 알갱이가 공기 속에 들어 있기도 해요.

포자, 염분, 미세 조류, 곰팡이, (화산에서 분출된) 재, 꽃가루, 흙, 동물에서 떨어져 나온 것(피부 조각, 털 등), 그을음, 바이러스, 세균

이 모든 것이 우리 주위를 맴돌고 있어요.

모두를 위한 공기

어떤 단체도, 어떤 사람도, 어떤 나라도 공기를 혼자 가질 수 없어요. 공기는 모두를 위해 있어요. 사람만이 아니라 지구 위의 모든 생명이 공기 덕분에 살아간답니다. 혹시 이 글을 읽고서 머릿속에 커다란 질문 하나가 떠오르지 않았나요?

'그럼, 공기는 누가 돌보지?'

여러분 생각을 적어 봐요.

바람아, 네가 바라는 건 뭐니?
(바람이 생겨나는 원리)

바람이 생겨나는 원리를 설명해 볼게요. 단, 폭풍이 생겨나는 원리는 이와 다르답니다.
바람은 움직이는 공기예요. 그렇죠?
그럼 공기가 움직이기 시작하는 이유는 무엇일까요?

1. 먼저 태양이 있어요(거의 모든 것이 태양에서 시작하죠).
태양이 지구의 표면을 따뜻하게 데워요. 그런데 지구의 표면은 크게 두 가지로 나뉘죠. 바다와 땅(대륙, 섬, 산, 사막, 숲 등)이에요. 바다, 육지, 숲, 사막은 서로 다른 방식으로 태양열을 흡수합니다.

4. 규칙을 정리해 볼까요?
공기는 항상 압력이 높은 곳에서 압력이 낮은 곳으로 움직입니다. 이유는 간단해요. 압력이 높은 곳에 있는 공기 분자가 다른 곳까지 더 넓게 퍼지려고 하기 때문이에요.

2. 누가 열을 더 많이 흡수하고, 누가 열을 더 많이 내보내나요?

바다는 육지보다 훨씬 더 많은 열을 흡수해요. 그래서 바다 위의 공기 덩어리는 더 차갑고(열은 바닷물에 머물러요) 육지 위의 공기 덩어리는 더 따뜻해요(땅이 더 많은 열을 방출하기 때문이에요).
이 이야기의 두 주인공인 따뜻한 공기 덩어리와 차가운 공기 덩어리는 이렇게 생겨납니다.

3. 이제 본격적인 행동이 시작돼요!

공기가 따뜻해지면 분자 운동이 활발해지고 분자들이 서로 밀치는 힘이 세져서 공기 분자들이 서로 멀어져요. 그러면 같은 부피 속의 공기 분자 수, 즉 공기의 밀도가 낮아지고 공기 덩어리의 무게도 가벼워져서 공기는 위로 올라갑니다.

한마디로, 바람이 부는 건 공기가 항상 균형을 맞추려고 하기 때문입니다.

하늘 위에서 흐르는 강

대기에는 많은 양의 수증기가 집중된 곳이 있어요. 그 가운데 과학자들이 '대기의 강'이라고 부르는 곳이 있습니다. 수증기가 강처럼 길게 모여 있어서 그런 이름을 붙였답니다.

길이가 수천 킬로미터까지 되기도 하는 대기의 강은, 열대 지역에서 북쪽이나 남쪽으로 엄청난 양의 수증기를 실어 날라요. 이 강들 중 하나가 바람에 밀려 대륙에 닿으면 무슨 일이 벌어질까요? 하늘에 구멍이라도 난 듯이 비가 거세게 내리거나 눈이 쏟아지죠. 이 때문에 때로는 강물이 넘치고 마을이 물바다가 되기도 합니다.

'파인애플 익스프레스'라고 불리는 유명한 대기의 강이 있어요. 하와이에서 시작해 북태평양을 가로질러 미국과 캐나다의 서해안까지 이어지죠. 이름처럼 파인애플을 나르지는 않지만 많은 비와 눈을 불러온답니다.

파인애플이 하와이를 대표하는 농산물이어서 파인애플 익스프레스라고 이름을 지었대요.

이 책의 책장을
바람이 잠시 가지고
놀게 해 봐요.

집중이 잘 된다면
한곳에서 오래 시간을
보내게 될 거예요.

마음이 소란스러운 날에는,
바람이 책장 사이를 지나는
모습을 가만히 지켜봐요.

오늘 바람이 정말
읽고 싶어 하던 페이지는
어디인가요?

공기를 느껴 봐

바람과 책은 만날 때마다 즐겁게 놀아요

연을 좋아하나요?

여기에 그려진 연을 (아주 높이) 날려 봐요.

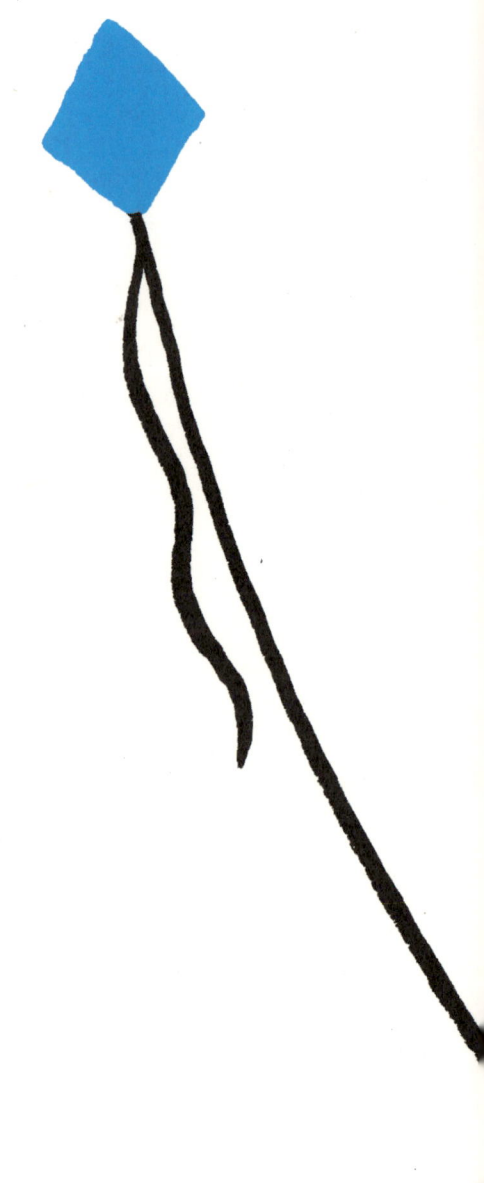

공기를 느껴 봐

모두 함께

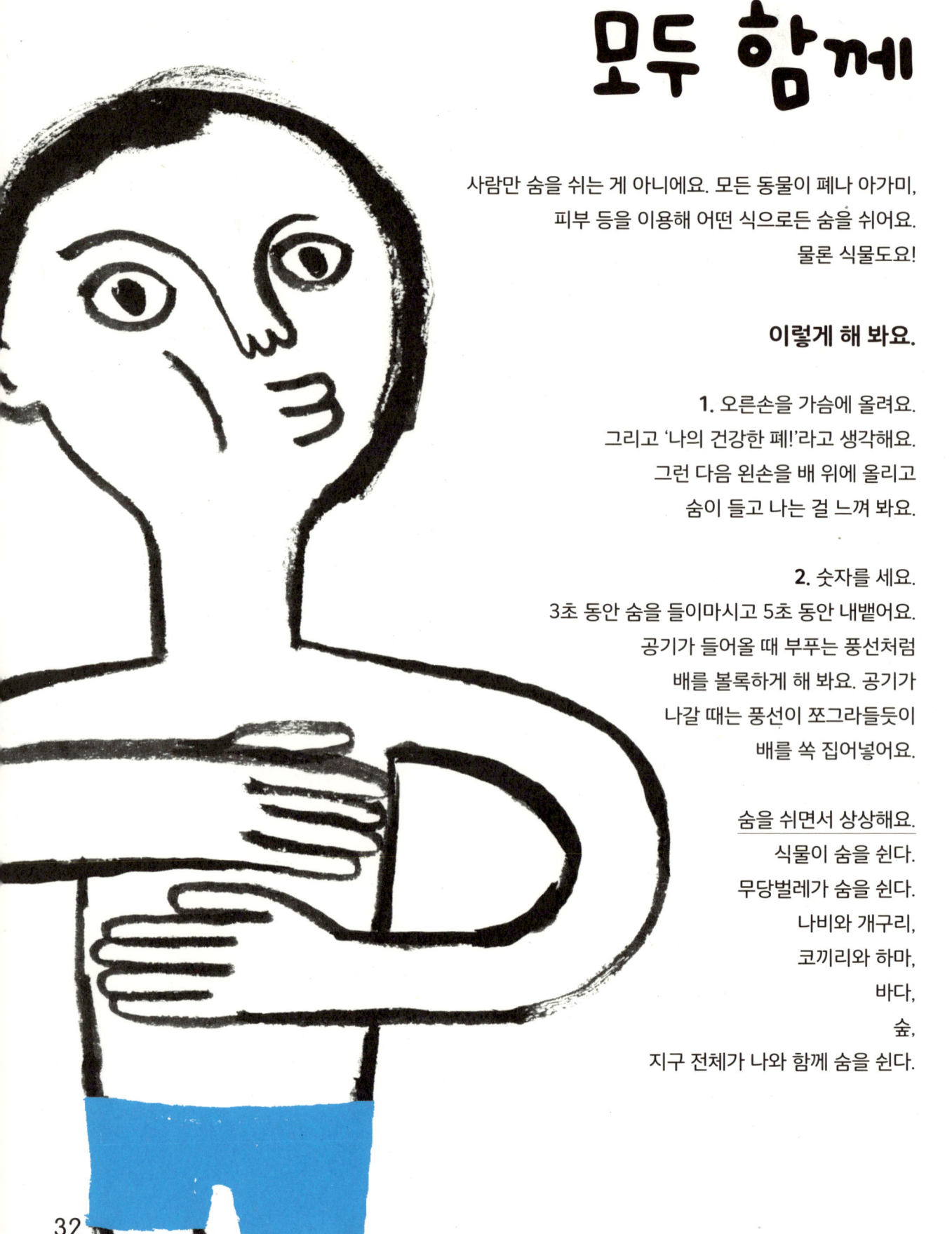

사람만 숨을 쉬는 게 아니에요. 모든 동물이 폐나 아가미, 피부 등을 이용해 어떤 식으로든 숨을 쉬어요. 물론 식물도요!

이렇게 해 봐요.

1. 오른손을 가슴에 올려요. 그리고 '나의 건강한 폐!'라고 생각해요. 그런 다음 왼손을 배 위에 올리고 숨이 들고 나는 걸 느껴 봐요.

2. 숫자를 세요. 3초 동안 숨을 들이마시고 5초 동안 내뱉어요. 공기가 들어올 때 부푸는 풍선처럼 배를 볼록하게 해 봐요. 공기가 나갈 때는 풍선이 쪼그라들듯이 배를 쏙 집어넣어요.

<u>숨을 쉬면서 상상해요.</u>
식물이 숨을 쉰다.
무당벌레가 숨을 쉰다.
나비와 개구리,
코끼리와 하마,
바다,
숲,
지구 전체가 나와 함께 숨을 쉰다.

생명의 힘을 불어넣어요!
(이런 지혜의 말을 떠올리면서. "바람으로 너를 채우라!")

'생명의 힘'을 뜻하는 라틴어 아니마(anima)에는 숨, 공기, 영혼이라는 뜻도 있답니다.

옮기들 노래 봐

바람을 타고 여행해 보았나요?

바람의 힘을 빌려 꽃가루받이를 하는 꽃이 있어요. 이런 꽃을 풍매화라고 불러요.
풍매화는 꽃가루받이를 성공시키기 위해 꽃가루를 바람에 실어 날리죠. 그래서 해마다 정해진 때, 특히 봄이 되면 셀 수 없이 많은 작은 꽃가루가 바람을 타고 공기 속을 날아다니는 거예요.

이와 비슷하게 어떤 식물은 수많은 씨앗을 바람에 실어 멀리멀리 날려 보내요.
씨앗이 널리 퍼지면 식물이 살아가는 데 좋은 점이 있거든요. 다닥다닥 너무 가깝게 자라면 빛, 물, 땅속의 영양분을 놓고 서로 경쟁해야 하지만, 멀리 흩어지면 그럴 필요가 없기 때문이죠.

식물들이 꽃가루와 씨앗을 아주아주 많이 날려 보내는 것은, 그래야 더 잘 살아남을 수 있어서예요.
날아가다가 안 좋은 일이 생길 수도 있으니까요.

(혹시 꽃가루 알레르기가 있나요?
이 글을 읽으며 재채기를 열 번은
했겠네요. 미안해요.)

네, 정말 좋은 여행이었어요

꽃가루와 씨앗은 바람을 타고 몇 킬로미터나 여행하기도 해요.

예를 들어, 어떤 소나무의 꽃가루는 2000킬로미터 가까이 여행할 수 있어요. 어떤 난초는 육지에서 넓은 바다 한가운데 있는 외딴섬으로 날아가는 아주 작은 씨앗을 만든다고 해요.

사막이나 초원에는 마른 뒤 바람에 굴러다니는 식물들이 있어요. 거대한 털 뭉치처럼 생긴 이러한 식물을 '회전초'라고 부르죠. 회전초의 여행에는 목적이 있어요. 끊임없이 공중제비를 하면서 이곳저곳에 씨앗을 떨어뜨리는 것이죠. 바람이 아니었다면 씨앗은 한자리에 그대로 있었을 거예요.

해변의 모래 언덕이나 동네의 작은 언덕에서 회전초처럼 데굴데굴 굴러 봐요.

공기를 느껴 봐

몸을 둥글게 말고서 굴러가는 대로 내버려 두는 거예요.

나비를 닮은 씨앗

세상에는 날개 달린 씨앗들이 있어요. 날개 덕분에 아주 쉽게 바람을 타고 여행하죠. 여러분도 이런 씨앗을 본 적이 있을 거예요. 흔히 마주치는 소나무의 씨앗에도 날개가 달렸거든요.

그중에서도 무척 특별한 씨앗을 소개할게요. 바로 긴 날개가 달린 자바오이 씨앗입니다! 자바오이 씨앗은 크고 무거운 편이지만, 행글라이더를 닮은 얇고 투명한 날개 덕분에 공중을 미끄러지듯 날아가죠. 날개가 어찌나 큰지 나비나 박쥐처럼 보일 지경이에요. 비행을 마친 자바오이 씨앗은 기름진 땅에서 싹을 틔우고 자라나 크고 둥근 열매를 맺을 거예요.

무거운 것에서 가벼운 것으로,
가벼운 것에서 무거운 것으로.

이곳을 떠나지 않을 거야, 아무도 나를 데려가지 못해

오이와 같은 덩굴 식물에는 만나는 물체를 감거나 물체에 달라붙을 수 있는 길고 유연한 팔이 자라요. 이 팔을 덩굴손이라고 부릅니다. 힘이 어찌나 세고 튼튼한지 바람이 휘몰아쳐도 끊어지지 않아요. 덕분에 덩굴 식물은 폭풍과 바람을 견디고 계속 자라난답니다.

향기를 느껴 봐

덩굴손의 힘!

보이나요?

모든 것을 가져가는 바람
든 것을 가져가는 바람
것을 가져가는 바람
바람
바람
람

보았죠? 바람이 모두 가져갔어요.

공기를 느껴 봐

좋은 바람, 나쁜 바람

어떤 바람은, 떠올리기만 해도 두려운 마음이 들어요. 거세게 불어서 주변을 파괴하거나, 생활을 힘겹게 만드는 기후와 관련한 바람이기 때문이에요. 대서양에서 시작해 알프스를 넘어 남쪽으로 부는 차갑고 건조한 미스트랄이 그런 바람이에요. 북아프리카에서 북쪽으로 부는 뜨거운 시로코도 그런 바람이고요.

이와 달리 다정한 바람도 있어요. 이탈리아 사람들은 바람의 신 제피로스가 일으켰다는 부드러운 봄바람을 사랑하고, 그리스 사람들은 상쾌한 새벽 산들바람인 아우라를 좋아합니다.

캐나다에서는 치누크 바람의 마법으로 순식간에 겨울이 끝나고, 추위에 덜덜 떨며 지친 동물과 식물이 비로소 편히 쉴 수 있답니다.

공기를 느껴 봐

이런 바람 이름 들어 봤니?

요즘엔 바람이 불어오는 방향, 즉 동, 서, 남, 북 네 방위를 기준으로 바람 이름을 부르는 사람이 많아요. 동쪽에서 불어오면 동풍, 북쪽에서 불어오면 북풍, 북서쪽에서 불어오면 북서풍이라고 부르는 거죠.

세계 곳곳에는 바람을 부르는 다른 이름도 있어요. 우리가 살아가는 한반도에도 사람들이 오래전부터 써 온 바람 이름들이 있죠. 그 이름들에는 오랜 경험에서 온 지혜와 이야기가 담겨 있답니다. 함께 살펴볼까요?

샛바람
봄에 동쪽에서 불어오는 바람. '새'는 동쪽을 뜻하는 토박이말이에요. 그래서 동쪽 하늘에 뜬 금성을 '샛별'이라고 부르는 거죠.

마파람
여름에 남쪽에서 불어오는 바람. '마파람에 게 눈 감추듯'이라는 속담이 있는데, 순식간에 먹어 치우거나 행동이 날래다는 뜻이에요. 마파람이 불면 비가 오곤 하는데, 그런 낌새를 알아챈 바닷가의 게들이 두 눈을 몸속으로 재빨리 감추는 모습에서 생겨난 속담이래요.

하늬바람
가을에 서쪽에서 불어오는 바람. '하늬바람에 곡식이 모질어진다'는 속담이 있는데, 여름이 지나고 서풍이 불면 곡식이 여물고 줄기가 뻣뻣해진다는 뜻이에요. 하늬바람이 불면 농부들은 추수 준비를 시작하겠죠?

높바람
겨울에 북쪽에서 불어오는 바람. 높바람은 '된바람'이라고도 불러요. '몹시 심하거나 모질다'는 뜻의 형용사 '되다'를 이용해, 차갑고 매서운 겨울바람의 성질을 표현한 이름이에요.

높새바람
북동쪽에서 불어오는 바람. 주로 늦봄부터 초여름까지 태백산맥을 넘는 바람을 일컬어요. '높새바람이 불면 잔디 끝이 마른다'는 속담이 있어요. 태백산맥 동쪽을 오르면서 비를 떨구고 수증기를 잃은 높새바람이, 태백산맥 서쪽으로 불어 내릴 때는 고온 건조한 바람이 되어 가뭄과 고온 현상을 일으킨다는 뜻이에요. 이러한 현상을 '푄 현상'이라고 부릅니다.

된바람

높새바람

샛바람

하늬바람

마파람

공기를 느껴 봐

바람에 이름을 지어 주세요

어디선가 만난 바람에 대해 여기에 적어 봐요. 그 바람의 특징이 잘 드러나도록 이름도 지어 봐요. 그 바람은 차가웠나요? 따뜻했나요? 부드러웠나요? 거셌나요? 어디서 불어왔죠? 그 바람을 맞으며 무엇이 떠올랐나요?

이름:_____
장소:_____
특징:_____

이름:_____
장소:_____
특징:_____

이름:_____
장소:_____
특징:_____

그 바람을 만난 곳으로 돌아가서 똑같은 바람이 느껴지는지 확인해 봐요. 여러분이 지은 이름으로 바람을 불러 봐요.

아이올로스와 바람 주머니

오디세우스의 위대한 모험 이야기가 담긴 책
『오디세이아』를 보면, 오디세우스와 그의 동료들이
바람의 신 아이올로스를 만나는 장면이 나옵니다.
아이올로스는 폭풍을 다스리기 위해
세상의 모든 바람을 황소 가죽 주머니
안에 넣어 보관하고 있었지요.

아이올로스는
오디세우스에게 바람
주머니를 건네며 주의
사항을 알려 주었어요.
"절대로 이 주머니를
열지 마시게!"

과연 오디세우스는 바람 주머니를
열었을까요, 열지 않았을까요?

바람을 느껴 봐

바람과 관련한 표현들

* 높은 자리에 오를수록 위태롭다는 말.
** 힘겨운 일도 시간이 지나면 잦아든다는 말.
*** 일을 할 알맞은 때를 모른다는 말.

바람이 하는 일

바람이 불기 전의 모습이에요. 바람이 불면 어떻게 될지 그려 봐요.

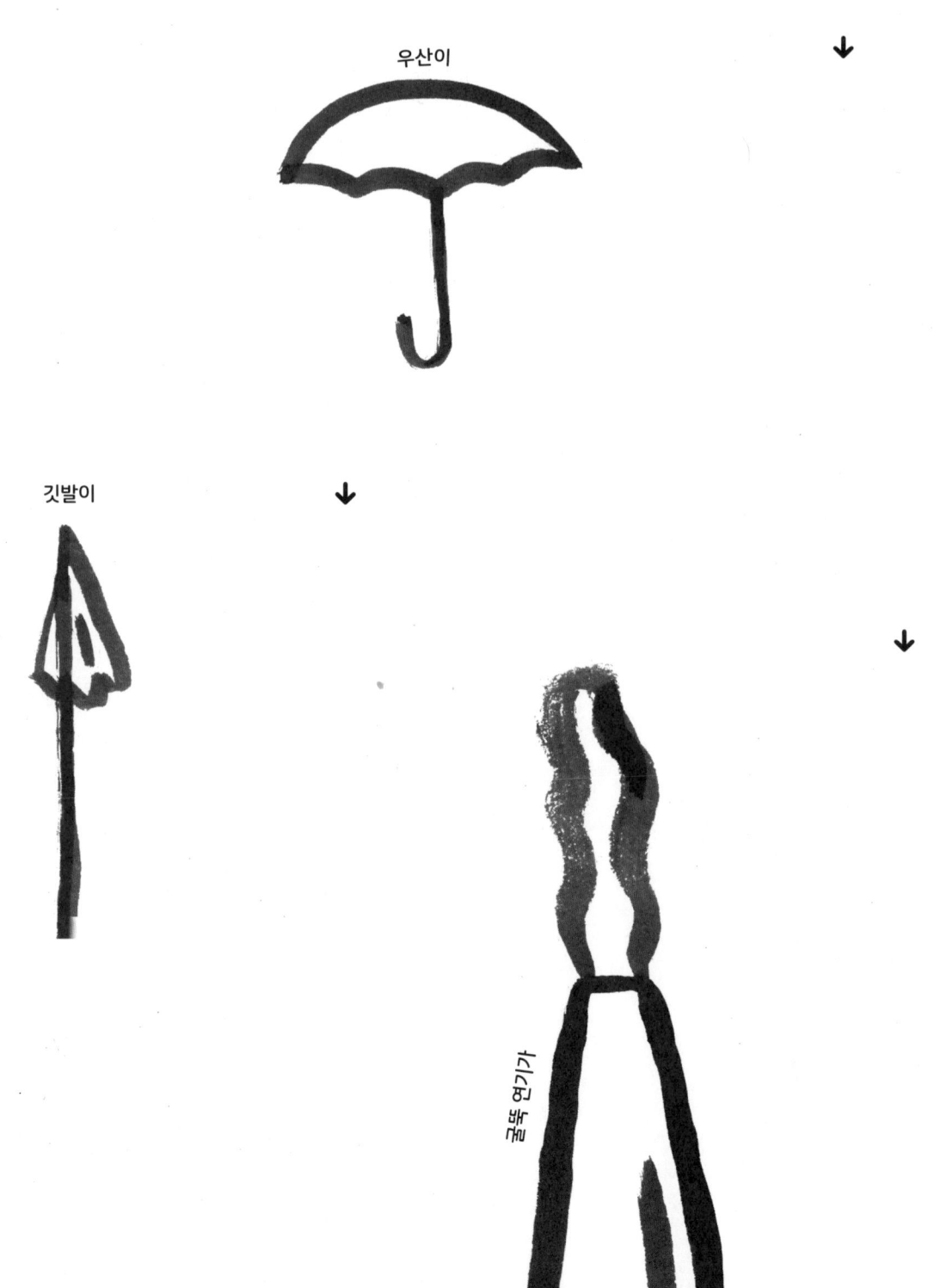

바닷가의 바다에

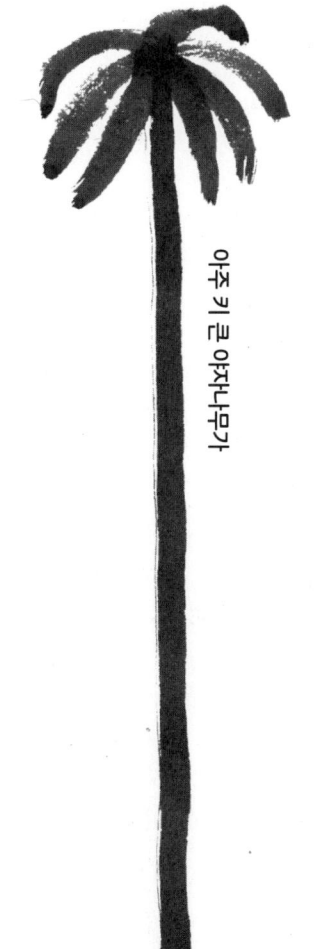

아주 키 큰 야자나무가

공기를 느껴 봐

바람은 머리카락을 사랑해

다음은 브라질의 어느 노래 가사예요.
"당신은 무슨 빗으로 머리를 빗나요?"
이렇게 물어볼게요. "무슨 바람이 당신의 머리카락을 헝클어뜨리나요?"
바람 부는 날, 바람이 여러분의 머리카락을 빗고 헝클어뜨리도록 해 봐요.
(머리카락이 없는 얼굴에 바람이 빗어 준 머리카락을 그려 봐요.)

공기를 느껴 봐

우리가 공중으로 던지는 것
(날아가는 것도 있음)

얼마나 높이 올라갈까?

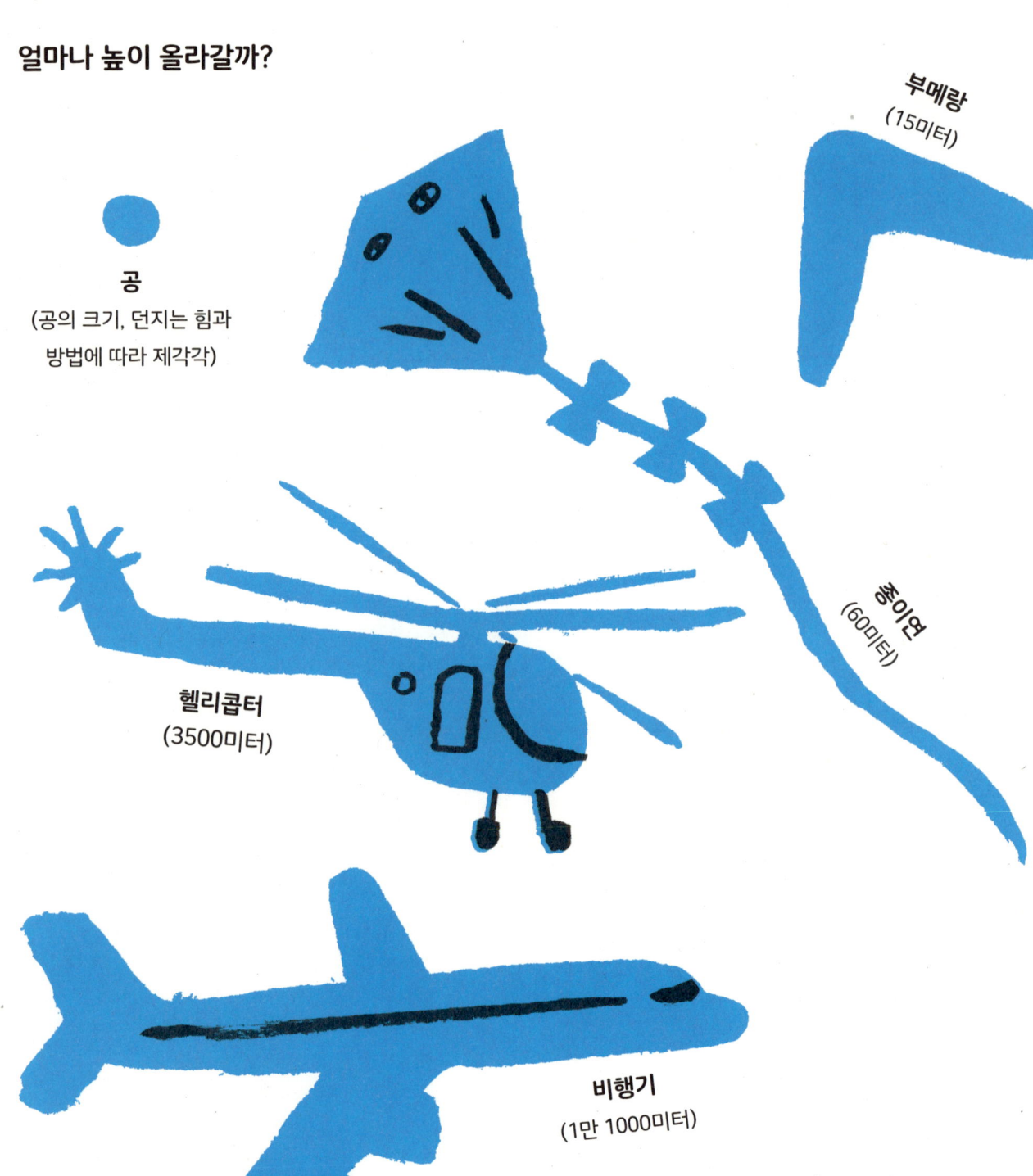

공
(공의 크기, 던지는 힘과 방법에 따라 제각각)

부메랑
(15미터)

종이연
(60미터)

헬리콥터
(3500미터)

비행기
(1만 1000미터)

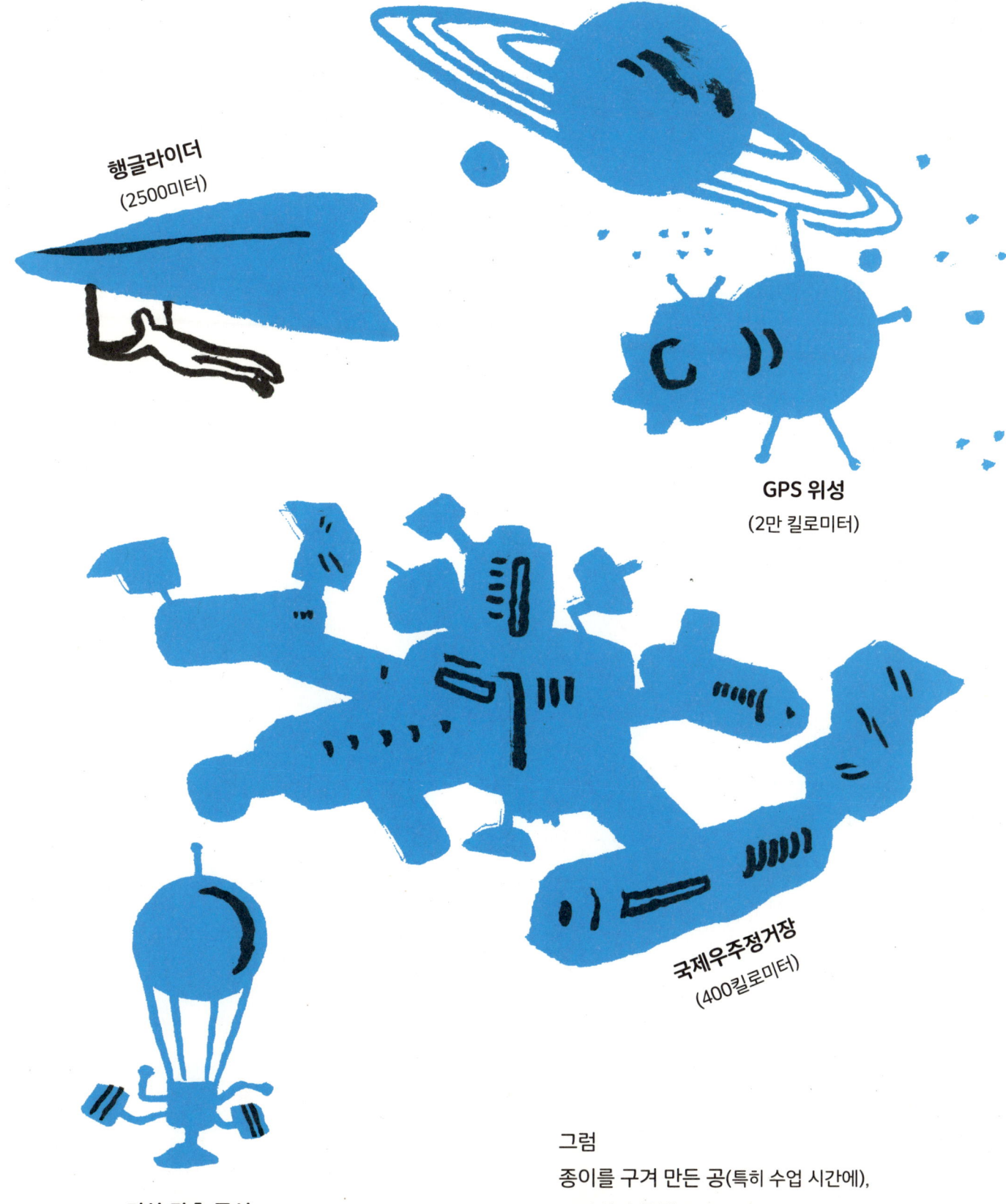

행글라이더
(2500미터)

GPS 위성
(2만 킬로미터)

국제우주정거장
(400킬로미터)

기상 관측 풍선
(30킬로미터)

공기를 느껴 봐

그럼
종이를 구겨 만든 공(특히 수업 시간에),
교과서와 공책(학년이 끝날 때),
포도와 완두콩(식당에 있지만 던지지는 않음)은?

마우나로아 나와라, 오버

하와이섬에 있는 마우나로아 화산은 지표면에서 가장 큰 활화산이에요. 과학자 찰스 킬링(1928년 출생, 2005년 사망)이 대기 중 이산화탄소(CO_2)의 농도를 측정하기 위해 이곳에 관측소를 세웠죠.

마우나로아 관측소가 생겨난 1950년대에만 해도, 사람들은 온실가스인 이산화탄소에 별로 주목하지 않았어요. 하지만 킬링 박사가 이산화탄소 농도를 측정하기 시작한 뒤로 상황이 달라졌죠.

태평양 한가운데에 있는 마우나로아 화산은 대기의 성분을 측정하기에 최적의 장소예요. 이곳에서 수십 년 동안 매일 이산화탄소 농도를 측정하여 분석한 킬링 박사는 결론을 내리죠. "대기 중의 이산화탄소 농도는 놀라울 정도로 끊임없이 높아지고 있다."

이러한 농도 상승이 가솔린이나 디젤 같은 화석 연료 사용과 관련이 있다는 사실, 즉 인간의 활동 때문에 일어난다는 것을 우리는 (아주) 오래전부터 이미 알고 있었습니다.

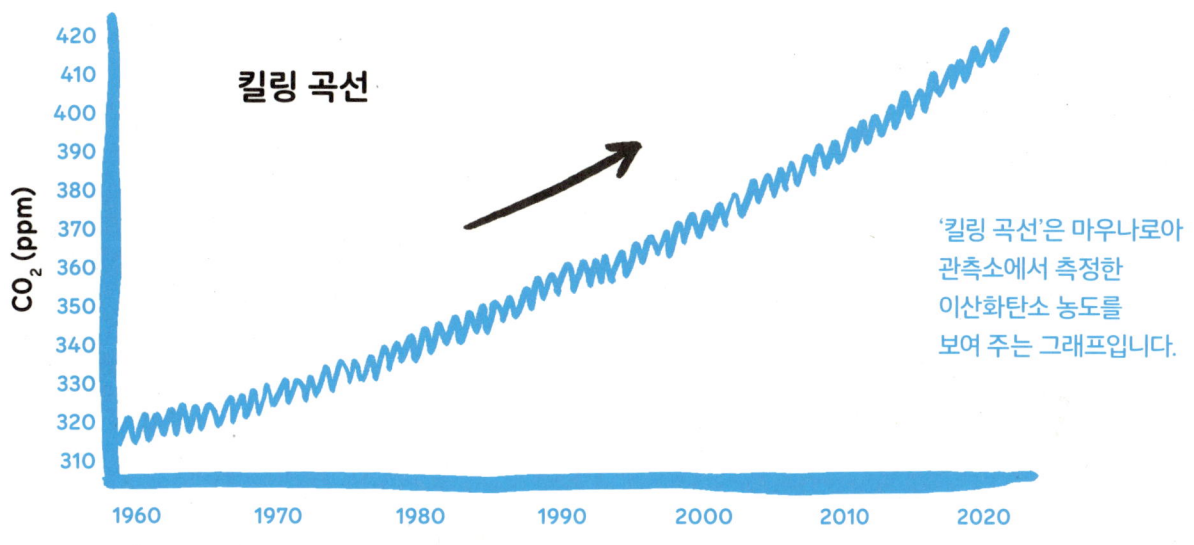

킬링 곡선

'킬링 곡선'은 마우나로아 관측소에서 측정한 이산화탄소 농도를 보여 주는 그래프입니다.

산업 혁명 이전 2만 년 동안 이산화탄소 농도는 185~280ppm(1ppm은 정해진 부피나 무게의 '100만 분의 1') 정도였어요. 그런데 18세기 말 산업 혁명이 시작한 뒤로 화석 연료를 이용하는 공장과 기관차, 자동차가 널리 퍼지면서 이산화탄소 농도는 빠르게 높아지기 시작했습니다.

1958년, 킬링 박사가 처음 측정했을 때 이산화탄소 농도는 이미 315ppm이었어요. 그런데 2021년에는 자그마치 420ppm까지 치솟았습니다! 지구를 지키기 위해서는 킬링 곡선의 상승을 막지 않으면 안 돼요! 하지만 우리가 노력해도 이산화탄소 농도가 금방 내려가지는 않을 거예요.

이제 정말로
우리는 공기를
느껴야만 해요

공기를 느껴 봐

친애하는

친애하는 대기님,
무척이나 겸손한 당신은 아니라고 할지 몰라도, 우리 생명체가 온화한 지구에서
살아가는 것이 당신 덕분이라는 걸 잘 알아요. 태양열이 남김없이 우주로 빠져나가지
못하게 해 주셔서 고맙습니다.
그리고 자외선으로부터 우리를 보호해 주는 특별한 모자가
되어 주셔서 고맙습니다. 그 모자가 없었다면
우리는 이미 오래전에 까맣게 타 버렸을
거예요.

대기님께

또 물을 품고, 당신 안에서 구름이 생겨나도록 해 주셔서 고맙습니다.
구름이 없었다면 지금과 같은 것은 하나도 없었을 거예요.

친애하는 대기님,
우리에게 이런 행성이 있다는 것은 기적이고 영광입니다.
당신께 아무리 고마워해도 부족할 거예요.

뽀뽀와 커다란 사랑을 보내며,
지구인 일동

공기를 느껴 봐

추신: 몇 년 전까지만 해도 아주 적은 지구인만이 당신을
걱정했습니다. 하지만 이제는 거의 모든 지구인이 많이
걱정하고 있어요. 얼른 행동에 나설게요. 그렇게 하겠습니다.

'공기'를 넣어 말해 봐요

무음 영역으로 너무너무 가고 싶어

형이나 누나, 동생이 너무 시끄럽게 떠드는 바람에 더 이상 참을 수 없다면 이렇게 말해 봐요. "무음 영역으로 가는 티켓 좀 끊어 줄래?"
해발 약 160킬로미터부터 시작하는 무음 영역에서는 공기 분자들끼리의 거리가 너무 멀어서 소리가 전파되지 못한답니다. 그래서 완벽하게 조용하죠.

공기를 느껴 봐

바람을 사랑하는 새

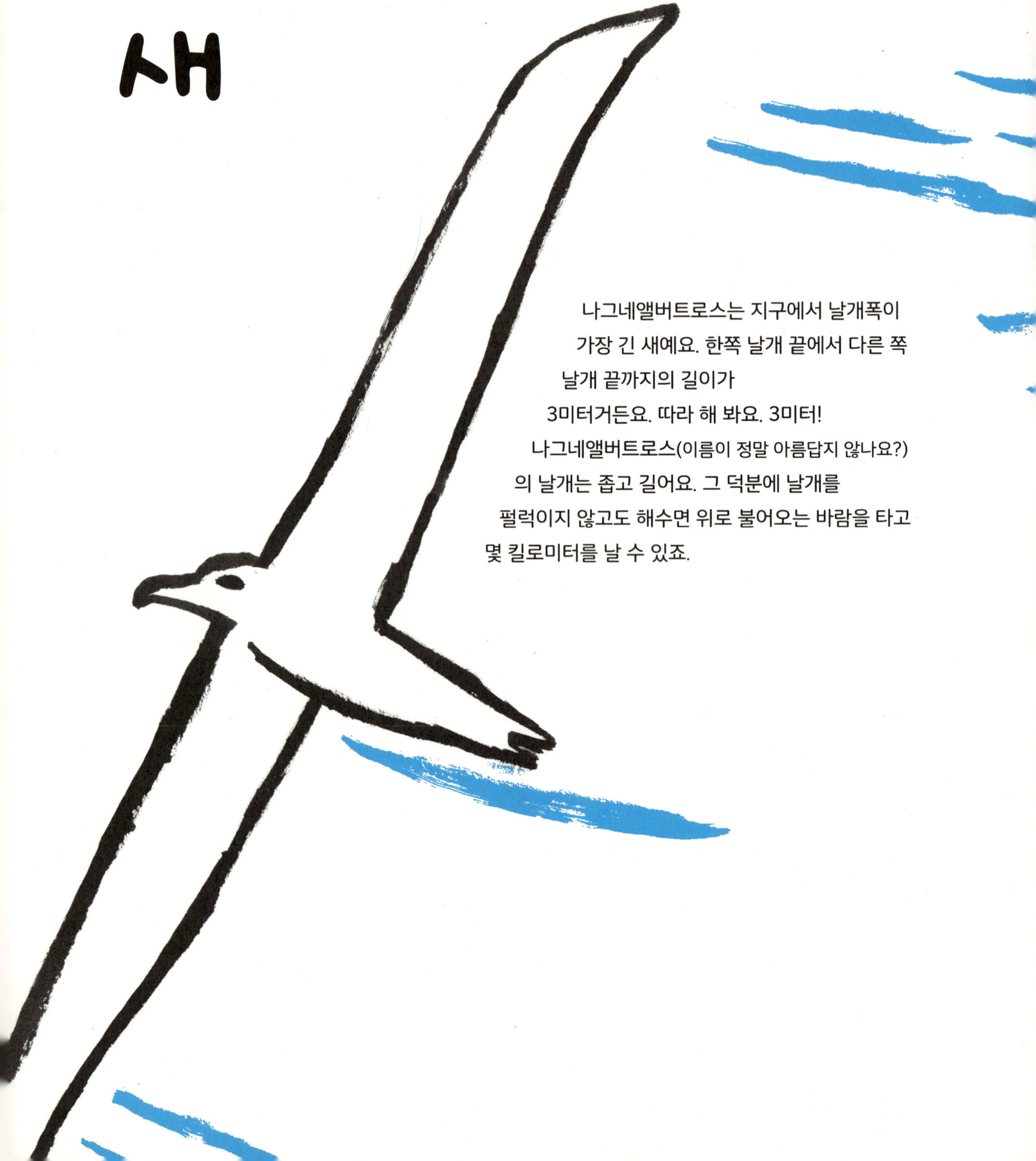

나그네앨버트로스는 지구에서 날개폭이
가장 긴 새예요. 한쪽 날개 끝에서 다른 쪽
날개 끝까지의 길이가
3미터거든요. 따라 해 봐요. 3미터!
나그네앨버트로스(이름이 정말 아름답지 않나요?)
의 날개는 좁고 길어요. 그 덕분에 날개를
펄럭이지 않고도 해수면 위로 불어오는 바람을 타고
몇 킬로미터를 날 수 있죠.

황새와 독수리도 바람을 즐겨요. 앨버트로스의 날개폭에는
미치지 못하지만, 위로 솟아오르는 따뜻한 기류를 활용하기에
알맞도록 날개가 길고 넓죠. 덕분에 날개를 거의 퍼덕이지
않고도 상승 기류를 타고 높이 떠오를 수 있어요.
일단 공중에 오르기만 하면, 비행이야 식은 죽 먹기랍니다.

공기를 느껴 봐

뜰, 농장, 정원에서 지저귀는 작은 새들은
바람을 이용하는 데 서툴러요. 그래서
바람이 많이 부는 날에는 나뭇가지 사이,
구멍, 둥지로 몸을 피하지요. 이 새들의
생김새는 폭풍을 견디기에 알맞은 모양이
아니거든요.

암스트롱 한계
(인간은 얼마나 높이 오를 수 있을까?)

만약 인간이 하늘을 날 수 있다면 얼마나 높이 오를 수 있을까요?
우주복과 같은 생명 보조 장치 없이 인체가 견딜 수 있는 한계 고도는 '암스트롱 한계'*라 부르는 해발 약 18~20킬로미터예요. 이 고도부터는 정상 체온에서도 물이 끓을 만큼 대기압이 너무 낮아서 (기압이 낮아지면 끓는점도 낮아짐) 침, 눈물, 폐 속의 수분 등이 끓어서 증발해요. 그 결과 금방 의식을 잃고 죽게 되죠. 이러한 위험 때문에, 여객기에는 객실 압력을 땅 위와 비슷하게 맞춰 주는 장치가 있고, 우주비행사는 우주복을 입습니다.

---

* 이 사실을 발견하고 이름을 붙인 사람은 해리 조지 암스트롱(우주 비행사 닐 암스트롱과 혼동하지 말 것)이라는 미국 공군 장군입니다.

바람이 부네, 모두 밥 먹을 시간이야!

깊은 바닷속의 물이 해수면으로 올라오는 현상을 '용승'이라고 해요. 용승 덕분에 눈에 보이지 않는 많은 일이 일어나죠. 보이지 않지만 아주 중요한 일들이랍니다.

그 과정을 설명할게요.
1. 바다 위를 부는 바람에 밀려 표층수(해수면의 물)가 이동해요.
2. 그때 질소와 같은 영양분을 간직한 심층수(깊은 바닷속의 물)가 올라와 표층수의 빈자리를 메워요.
3. 이렇게 공급된 영양분 덕분에 식물성 플랑크톤(미세 조류, 남세균 같은 미생물)이 번성해요(물론 식물성 플랑크톤은 광합성을 해서 당분을 직접 만들죠).
4. 깊은 바닷속에서 올라온 영양분과 식물성 플랑크톤을 먹고 동물성 플랑크톤(크릴 같은 작은 갑각류)이 번성해요. 동물성 플랑크톤은 작은 물고기의 먹이가 돼요(고래의 먹이도 되죠).
5. 그리고 작은 물고기는 다시 큰 물고기, 바다사자, 돌고래의 먹이가 됩니다.
6. 이 과정이 끊임없이 이루어져요.

참, 이 파티에 바닷새가 빠질 수 없죠. 바람 덕분에 푸짐한 잔치가 열렸어요!

누가 점심을 가져다줄까?

히말라야깡충거미*는 지구 위의 동물 중에서 가장 높은 곳에 살아요! 해발 약 6000미터에서 눈과 얼음으로 둘러싸여 지내는 이 거미는 어떻게 먹이를 구할까요? 그렇게 높은 곳에는 이 육식 곤충이 먹을 수 있는 동물이 하나도 살지 않는데 말이죠. 오랫동안 아무도 그 답을 몰랐지만, 이제는 알아요. 과학자들은 평원에서 불어 올라오는 바람에 다양한 곤충이 실려 오는데, 히말라야깡충거미가 그 곤충들을 먹고 산다는 걸 관찰했답니다.

* 학명이 에우오프리스 옴니수페르스테스(Euophrys omnisuperstes)인데, 옴니수페르스테스는 '다른 무엇보다 위에 있다'는 뜻

관측 이래 가장 센 바람은?

1934년 4월 12일, 미국 워싱턴산 천문대에서 관측된 시속 372킬로미터가 60년 넘게
가장 센 바람의 속도였어요.
이 기록은 1996년 4월 10일, 사이클론 올리비아가 오스트레일리아를 지나갔을 때 깨졌어요.
이날 풍속계(바람의 속도를 재는 장치)로 측정한 바람의 속도는 자그마치 시속 408킬로미터나 되었죠.
포뮬러 원 경주를 벌이는 자동차의 속도가 시속 330킬로미터 정도임을 떠올리면 얼마나
빠른 바람인지 짐작할 수 있을 거예요.

공기에 사는 플랑크톤

대기생물학(Aerobiology)은 공기에 드나들거나 잠시 공기를 통과하는 생명체뿐 아니라 공기에서 계속 살아가는 생명체도 연구하는 과학이에요. 어떤 과학자는 바다에 플랑크톤이 있듯이 공기에도 그와 비슷한 에어로플랑크톤(Aeroplankton)이 있다고 말한답니다.

에어로플랑크톤은 어떻게 생겼을까요? 상상 속의 가장 놀라운 모습을 그려 봐요.

공기를 느껴 봐

바람을 조심해요!

(잠시 후 바람이 불면…)

바람을 다스리는 엉뚱한 방법

바람은 닥치는 대로 부수기도 해요.
배를 난파시키고, 농작물을 휩쓸어 가고,
도시 전체를 파괴하죠.
그래서인지 예전부터 세계 곳곳의
사람들은 바람을 저주하거나 다스리려고
다양한 방법을 써 왔어요.
그 가운데 몇 가지를 소개합니다.
(효과가 있었는지는 모르지만 재밌어요.)

스코틀랜드 사람들은 왼쪽 신발을
공중에 던지면 바람이 멈춘다고
생각했어요.

고대 인도네시아에서는
바람을 그치게 하려고 큰 검을
휘둘렀어요.

뉴기니에서는 바람의 배를 뚫기
위해 지붕에 창을 달았어요.

라플란드에는 출항을 준비하는 선원에게 좋은 바람을 파는 여인들이 있었어요. 그들은 '바람 마녀'로 불렸습니다.

포르투갈 북부 사람들은 회오리바람 속에 마녀가 있다고 생각했어요. 그래서 주머니칼을 펴서 회오리바람으로 던졌죠. 그렇게 하면 마녀가 회오리바람 바깥으로 몸을 피해서 바람이 사라진다고 여긴 것이지요.

바람은 날뛰는 걸 좋아해

아래 그림에서 바람이 날뛰면서 저지른 일을 찾아봐요.
(포르투갈에서 '바람이 날뛴다'라고 말하면 혼란, 소동,
무질서, 소란이 벌어진다는 뜻.)

세 가지 바람

실제 바람(참바람)은 가만히 있을 때 느껴지는 바람이에요.

유도 바람(유도풍)은 무언가가 움직일 때 그 움직임과 반대 방향으로 느껴지는 바람이에요. 예를 들어, 더 빨리 달릴수록 더 센 유도 바람이 생겨나죠.

겉보기 바람(뵌바람)은 무언가가 움직일 때 실제 바람과 유도 바람이 합쳐져서 생겨난 바람이에요. 예를 들어, 달리는 차 안에서 창문을 열고 코를 살짝 내밀어 봐요(머리를 내밀면 절대 안 돼요!). 그러면 실제 바람이 약하게 불어도 엄청 센 바람을 느낄 수 있을 거예요.

그건,
실제 바람(자동차 밖에서 부는 바람)
+ 유도 바람(자동차가 움직여서 생겨난 바람)
= 겉보기 바람
이기 때문이에요.

돛과 바람
(둘이 만나면 일어나는 일)

요트는 바람을 사랑해요(바람 없이는 꼼짝도 못 하죠!). 그리고 이 사랑은 언제나 보답을 받아요. 왜냐하면 요트의 돛과 연애하는 것이 바람이 좋아하는 단 한 가지이기 때문이에요.

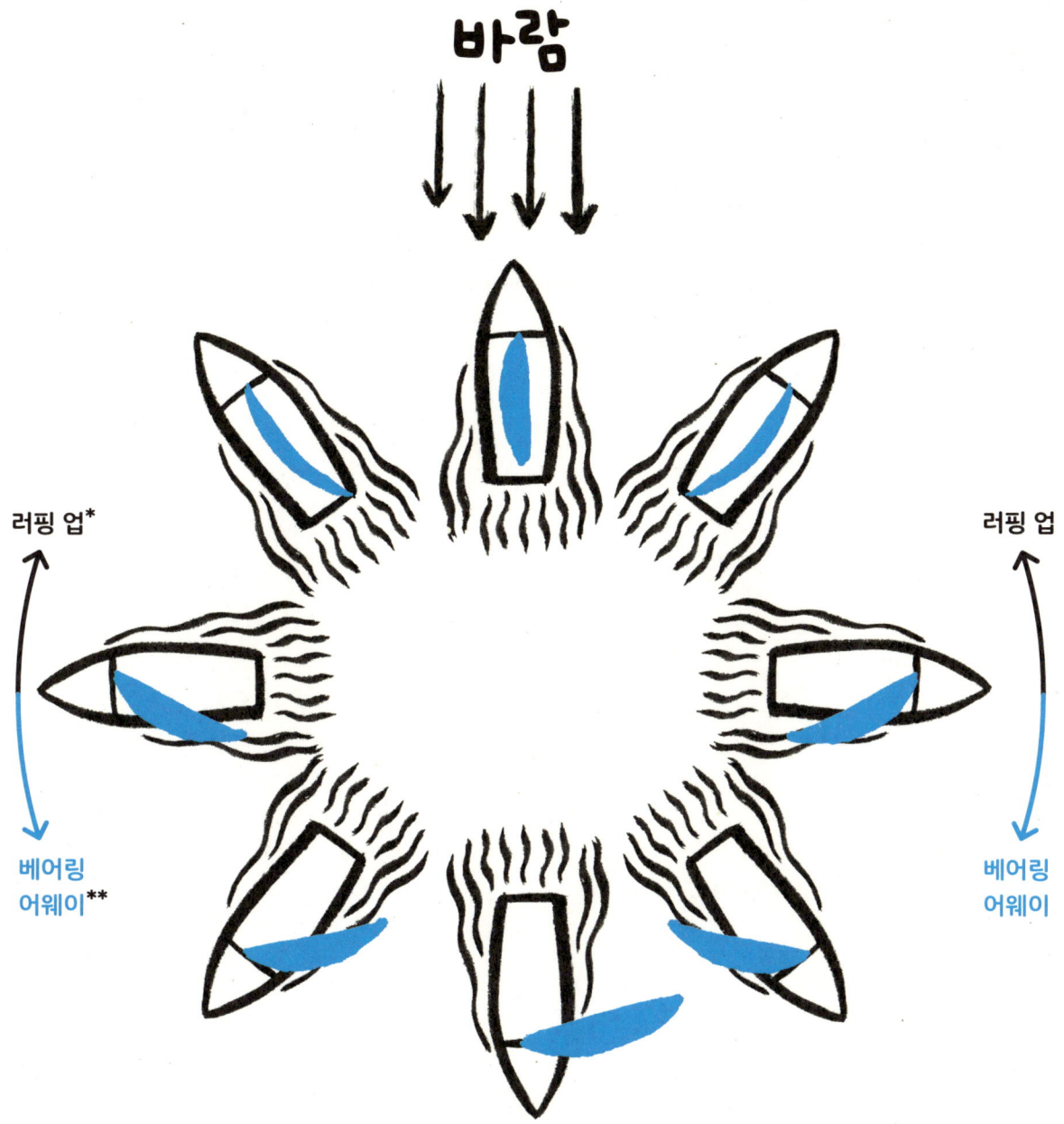

요트를 조종하는 몇 가지 방법이 있어요(일종의 데이트 방법이죠). 각각의 조종법은 바람이 배의 돛으로 불어오는 각도를 이용해요. 뱃머리 쪽으로 맞바람이 불 때(배가 움직이지 않는 경우!)를 빼면, 바람은 다른 모든 각도에서 배를 앞으로 나아가게 해요.

---

* 바람이 불어오는 쪽으로 돌기.
** 바람이 불어 가는 쪽으로 돌기.

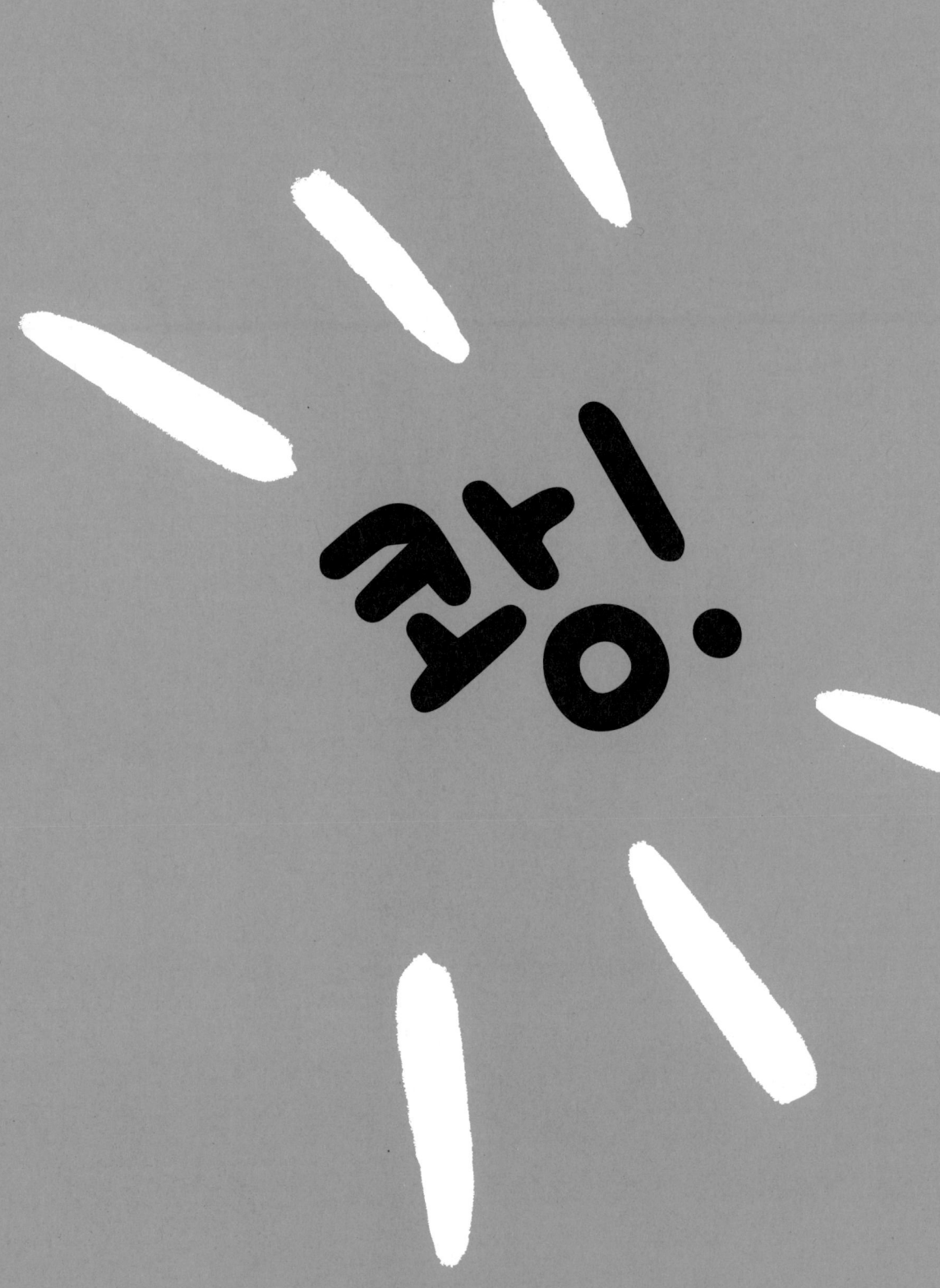

매우 강렬한 태양을. 태양이 높은.이 지구에 모든 물건과 대자연에 생동이
이야기 생이고 인간남이이 될 수 있으며, 태양도 함정이 같은 곳나요 말하는 수
있어요. 자동도 이지기도 될 것이 일이 말란지고 또 높이 일어날까요.

태양이 자신보다 더 낮은 남녀나 자기와 같은 남녀는 이들에게
이름을 붙여 주는 것이 오른쪽이야!'놈는 남녀는 소리치는 남녀.'

태양 대기의 자전물을 끄집어내는
김동일이 대기의 바람을 (블에 약 100번 돌) 붙잡는 남녀라고
동물들을 빨리치며 주로 동양을 낳아주는 별입니다.
이를, '태양'이리고 부릅니다.

태양이 자전과 남녀 남녀도 자기와
이름들은 별로 놓고 이가 자라스러워하는 (.남녀는 소리치는 남녀.'

매우 강렬한 태양을. 태양이 높은.이 지구에 모든 물건과 대자연에 자동이
이야기 생이고 인간남이이 될 수 있으며, 태양도 함정이 같은 곳나요
말하는 수 있습니다.

읽고: 태양이 웃는다

태양을 느껴 봐

- 어른들이 일을 마치고 집으로 돌아와요. 밤늦게까지 직장에서 일하는 분도 계시고요.

- 가로등과 집 안의 불이 켜져요.

- 운전자가 (딴 데 정신 팔려 있지 않다면) 헤드라이트를 켜요.

- 밤새가 울어요. 금눈쇠올빼미나 수리부엉이 소리가 들릴 거예요.

- 집에서 멀리 떨어져 있을 때(예를 들면 수학여행 중에), 어떤 아이는 가족을 굉장히 그리워해요. 그래서 배가 아프기도 하죠.

- 멋쟁이들은 다음날 입을 옷을 고르기 시작해요.

- 엄마나 아빠가 냉장고 문을 열고 혼잣말해요. "저녁으로 뭘 먹지?"

- 하늘에서 별이 반짝여요. 어쩌면 금성일지도 몰라요.

태양을 느껴 봐

해가 지면 무슨 일이 일어날까?

- 하늘이 온통 붉은색으로(가끔은 보랏빛으로도 함께) 아름답게 물들 때가 있어요.

- 약한 바람이 불기 시작하기도 하죠.

- 스웨터를 찾으러 가고 싶을 수도 있어요.

- 이런 생각이 떠오르기도 해요. '오늘 정말 즐거웠어!' 또는 '오늘은 허탕 쳤네!'

- 어떤 꽃은 꽃잎을 오므리고, 어떤 꽃은 꽃잎을 펼쳐요.

태양을 느껴 봐

빨랫줄에 무엇을 널면 좋을까?

무엇이 햇볕을 쬐고 바람을 쐬어야 할까요? 그림으로 그려 봐요.
(쿠션? 신발? 아이디어?)

우리는 태양에 얼마나 가까이 갈 수 있을까요? 그리스 신화 속 이카로스처럼, 태양에 가까이 가는 건 매우 위험하고 어려운 일이죠. 하지만 과학자들은 끊임없이 도전합니다.

2020년 2월 10일, 태양으로부터 4200만 킬로미터 떨어진 곳까지 가서 태양을 관측하기 위한 우주 미션*이 시작했어요. 4200만 킬로미터는 너무 먼 거리 아니냐고요? 그렇게 생각할 수도 있지만, 거대한 우주에서 이 정도는 아주 가까운 거리예요. 이렇게 가까이서 태양을 촬영한 적은 아직 없답니다.

이날 발사된 우주 탐사선 솔라 오비터는 태양과 가까이 비행하면서 멋진 태양 사진을 꾸준히 찍어 보내 주고 있어요. 덕분에 태양에 관한 여러 새로운 사실들이 발견되고 있죠. 무엇보다 솔라 오비터는 이전까지 한 번도 촬영하지 못한 태양의 극지방을 탐사하며 수많은 자료를 모으고 있답니다.

과학자들이 답을 찾고 싶어 하는 태양에 관한 질문들

1. 태양의 극지방은 어떤 모습일까?
2. 태양의 활동은 왜 11년마다 최대가 될까?
3. 무엇이 코로나(태양 대기의 바깥층)를 수백만 도까지 가열할까?
4. 태양풍이 부는 이유는 무엇일까?
5. 태양풍은 지구에 어떤 영향을 줄까?

---

* 유럽우주국(ESA)과 미국항공우주국(NASA)이 함께 진행.

미션: 태양을 촬영하라!

너무 가깝지도, 너무 멀지도 않아야 하는 이유

한 소녀가 숲에서 길을 잃고 돌아다니다 세 개의 문(큰 문, 중간 문, 작은 문)이 있는 집에 들어가요. 이 집에서 소녀는 세 개의 의자(큰 의자, 중간 의자, 작은 의자)가 있는 테이블을 보았어요. 테이블 위에 놓여 있는 세 개의 그릇(큰 그릇, 중간 그릇, 작은 그릇)에는 모두 죽이 담겨 있었죠. 이 소녀의 이름은 골디락스예요. 골디락스는 크기가 다양한 물건들을 써 봤어요. 큰 것은 너무 크고 작은 것은 너무 작았어요(심지어 골디락스가 앉았던 작은 의자는 부서지고 말아요). 골디락스는 그릇들에 담겨 있는 죽도 먹어 봤어요. 뜨거운 죽은 너무 뜨겁고 차가운 죽은 너무 차가워서 적당하게 따뜻한 죽을 먹었죠. 그리고 얼마 뒤 마음씨 고운 곰 가족이 집에 돌아와요.

우주에 존재하는 생명을 연구하는 우주생물학자들은 생명체가 살 수 있는 영역을 '골디락스 존'이라고 불러요(과학자들이 『골디락스와 곰 세 마리』 이야기를 좋아해서 이렇게 이름을 붙였나 봐요). 골디락스 존은 너무 뜨겁지도 너무 차갑지도 않아서 별 둘레를 공전하는 행성의 표면에 물이 액체 상태로 존재할 수 있는 영역이에요.

좀 더 쉽게 설명해 볼게요. 물 없이는 생명체가 살 수 없어요. 그런데 행성이 별과 너무 가까이 있으면 열 때문에 물이 끓어 증발해요. 반대로 별에서 너무 멀리 떨어져 있으면 너무 추워서 물이 꽁꽁 얼죠. 하지만 골디락스 존에서는 물이 액체 상태로 있으니 생명체가 살아갈 수 있어요.

생명체가 존재하려면 행성이 별에서 너무 멀지도 너무 가깝지도 않은 알맞은 거리에 있어야 해요. 우리가 살아가는 소중한 지구가 바로 그런 곳이죠. 우주에 지구와 같은 곳이 또 있을까요?

바람 · 윤슬 · 꼬리별

미리내 · 돋을볕

봄볕 · 햇살

실바람

왕바람 · 바다

태양을 느껴 봐

(지어낸 말이라 사전에 나오지 않는 것도 있어요. 상상력을 마음껏 발휘해서 예쁘게 지어 봐요.)

샛별아, 밥 먹게 돋을볕 좀 부르렴!

하늘, 바다, 태양, 바람을 좋아하나요?
정말 좋아한다면, 아기 이름을 이렇게 지어 보면 어때요?

태양에서 가장 먼 날과 가장 가까운 날
(함께 이날을 기념해요!)

태양 둘레를 도는 지구의 공전 궤도는 원이 아니라
(물론 정사각형이나 삼각형도 아니죠!)
타원이랍니다.

타원 궤도를 돌기 때문에 1년에 한 번, 지구는 태양에서 가장 먼 지점인 '원일점'을 지나요. 보통 7월 4일쯤에 원일점을 지나는데, 이때 우리는 태양으로부터 약 1억 5200만 킬로미터쯤 떨어져 있어요. 원일점을 지날 때 지구의 공전 속도는 가장 느립니다(근일점에서 원일점으로 갈 때 점점 느려짐).

그 반대의 날, 즉 지구가 태양에서 가장 가까운 지점인 '근일점'을 지나는 날도 있어요. 보통 1월 3일쯤이에요. 근일점을 지날 때 우리는 태양으로부터 약 1억 4700만 킬로미터 떨어져 있어요. 이때 지구의 공전 속도는 가장 빠르답니다(원일점에서 근일점으로 갈 때 점점 빨라짐).

참고: 지구가 원일점을 통과할 때 태양과 가장 멀어서 가장 춥고, 근일점을 통과할 때 태양과 가장 가까워서 가장 더울 거라는 생각이 들지도 몰라요. 하지만 계절은 지구에서 태양까지의 거리와는 관련 없어요. 지구의 자전축이 기울어져서 계절이 있는 거랍니다.

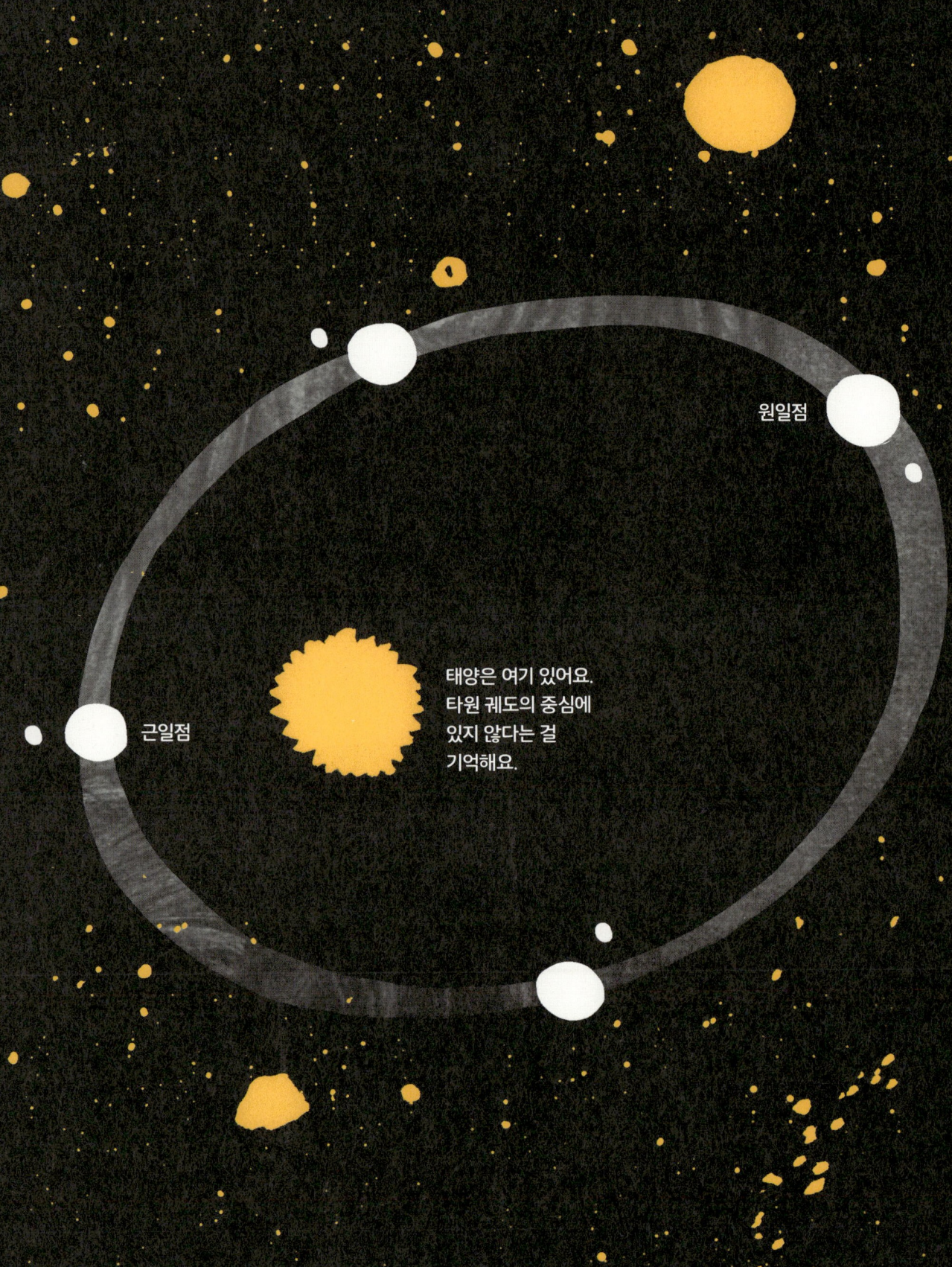

**일식이 태양과 달이 사랑할 때 일어난다는 낭만적인 설명을 하는
사람들도 있었어요.**

예를 들어 캐나다의 어떤 지역에서는 아내인 달이 남편인 태양을 만날 때
일식이 일어난다고 믿었어요. 이와는 좀 다르게 아버지인 태양이 아들인 달을 품에 안은 것이
일식이라고 생각하는 사람들도 있었습니다.

서아프리카에서도 달과 태양은 낭만적인 연인이었어요.
하지만 너무나 바쁘게 지내다 보니 좀처럼 만날 새가 없었죠.
그래서 둘이 만나는 날이면 더 많이 사랑할 수 있도록 불을 껐다는군요.

태양을 느껴 봐

이와는 달리 태양이 화나거나, 슬프거나, 아플 때 일식이 일어난다고 믿는 사람들도 있었어요.

수많은 유럽인은 인간의 사악함이 일식의 원인이라고 믿었어요. 태양이 인간의 행동을 싫어해서 우리에게 등을 돌렸다고 말이죠. 그리고 일식이 일어나면 안개가 끼고, 유령이 나타나고, 개가 짖고, 올빼미가 슬피 울며, 독이 든 이슬이 내린다고 믿었죠. 그래서 19세기까지도 사람들은 일식 동안에는 바깥에 빨래를 널지 않았다고 해요. 또 집을 나설 때는 독이 든 습기를 들이마시지 않기 위해 입과 코를 막았습니다.

알래스카 사람들도 이 습기가 위험하다고 생각했어요. 그래서 냄비와 접시를 덮어 두었죠. 음식에 독이 들어가면 안 되니까요. 그들은 태양이 병에 걸려 누워 있는 바람에 일식이 일어난다고 믿었습니다.

수리남 사람들은 태양과 달이 형제이고, 평소 그럭저럭 잘 지내다가 (모든 형제와 마찬가지로) 가끔 싸운다고 믿었어요. 이 싸움이 일식을 일으킨다는 거였죠. 형제를 떼어 놓기 위해 사람들은 속이 빈 물체를 탕탕 두드려서 큰 소리를 냈어요. 이들은 일식이 끝나는 건 형제 중 한 명이 기절했기 때문이라고 생각했습니다.

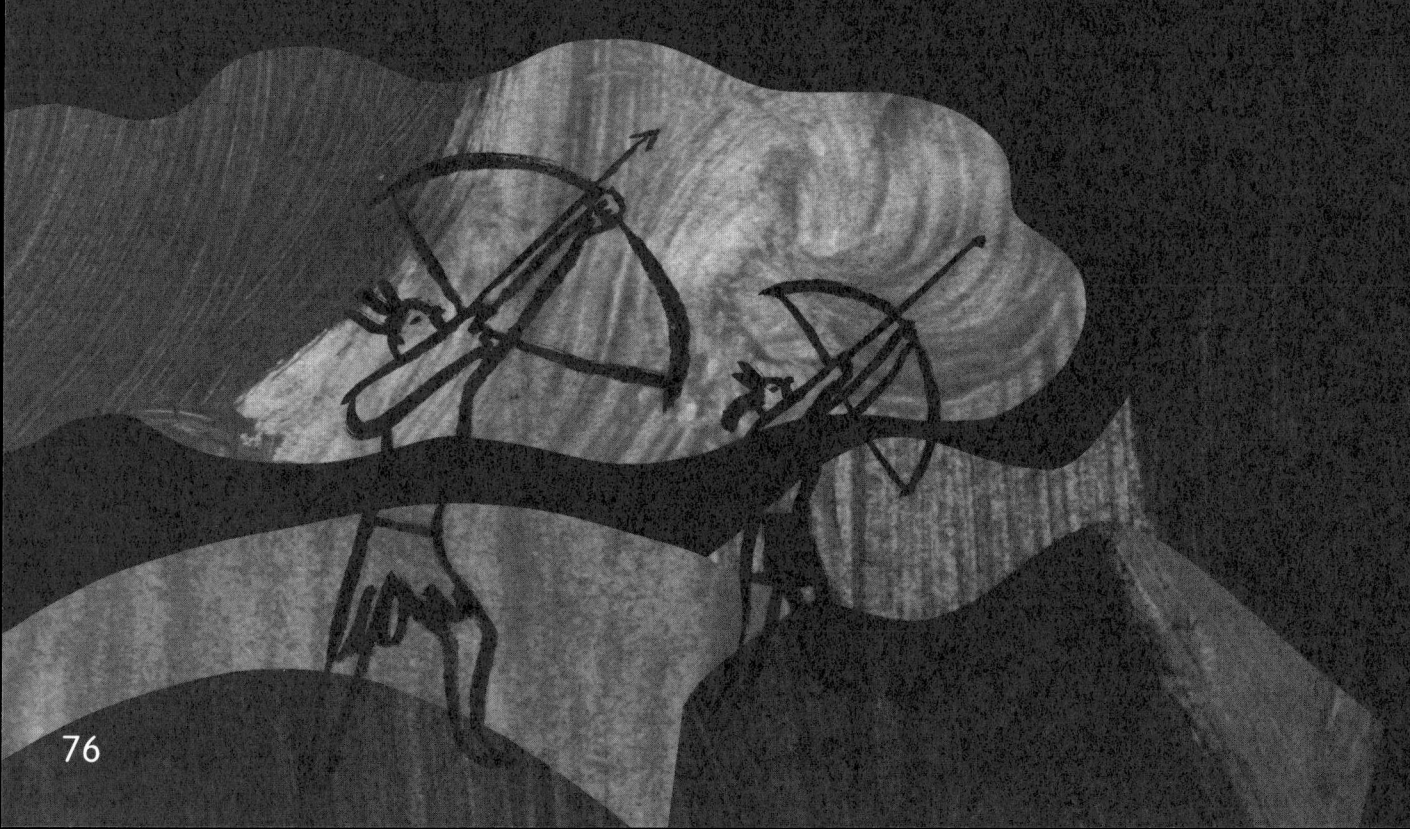

결국 곰이나 늑대, 용 때문이었나요?

**예전에는 짐승이나 악마가 태양을 공격하거나 삼키기 때문에
일식이 일어난다고 믿는 사람이 많았어요.**

고대 중국 사람들은 개가 태양을 삼킨다고 생각했어요.
그리고 아르메니아 사람들은 용이,
바이킹은 하늘에 사는 거대한 늑대가 삼킨다고 생각했죠.
남아메리카 사람들은 기나긴 날개를 가진 새가 태양을 공격한다고 보았어요.

이러한 공격으로부터 태양을 지키려고 사람들이 하늘에 돌을 던지거나 활을 쏜 지역도 있어요.
그렇지만 일식이 끝나는 건 태양이 하도 강력한 나머지 개나 용, 늑대나 새가 태양을 먹을 수
없었기 때문이라고 생각했대요. 인도네시아에서는 태양을 삼킨 괴물이 혀가 타서 태양을
바로 뱉었다고 믿었고, 북아프리카에서는 태양을 삼킨 악마가 위장에 문제가 생겨서
태양을 토했다고 믿었어요.

일식이 일어나는 특별한 순간은 우리가 태양계의 어디쯤에 있는지 짐작할 수 있게 해 줘요.
그리고 달이 있다는 것도 다시금 떠올리게 하죠. 드물게 일어나는 현상인 일식의 원리는
오늘날 분명하게 밝혀졌어요.

달이 태양과 지구 사이에 있을 때 일어나는 일식은, 태양이 완전히 가려지는 '개기 일식'과 부분만 가려지는 '부분 일식'으로 나뉘어요. 일식이 진행되는 동안 지구는 달의 그림자 속에 있게 되죠. 그래서 한낮에도 어두운 거예요.

태양을 느껴 봐

이 사실을 알아내기 전에, 일식은 두려운 사건이었어요. 낮을 온통 어둠으로 뒤덮는
개기 일식은 더더욱 그랬죠. 사람들은 무슨 일이 일어나고 있는지 몰랐기 때문에 일식에 관한
다양한 이야기를 지어서 이 현상을 설명하려고 했어요.
다음 쪽으로 넘어가 일식에 관한 몇몇 이야기를 만나 볼까요?

태양이 사라졌다!

아침 일찍 집을 나선 꿀벌이 한참 날아다니다가 먹음직스러운 꿀과 꽃가루가 있는 꽃밭을 발견했어요. 꿀벌은 동료들에게 꽃밭의 위치를 알려 주러 얼른 집으로 돌아와서는 알맞은 자리를 잡고서 몸통과 날개를 움직이며 춤을 춰요. 이 춤을 보고 어디로 얼마큼 가야 꿀과 꽃가루를 딸 수 있는지 알아챈 동료들은, 꿀벌이 알려 준 곳으로 곧장 날아가 꿀과 꽃가루를 따서 집으로 돌아와요.
내비게이션이나 지도가 있는 것도 아니고 예전에 가 본 곳도 아닌데, 어떻게 꿀벌들은 이런 일을 해내는 걸까요?

여기에 여러분의 가설(탐구 문제에 대한 예상 답변)을 적어 봐요. ↓

___

___

___

___

이제, 과학자들이 무엇을 알아냈는지 알려 줄게요.

꿀벌은 주로 태양을 이용해서 방향을 잡아요. 몇몇 새들이 그러하듯 태양을 나침반처럼 쓰는 거죠. 심지어 아주 흐린 날에도 꿀벌은 태양이 어디 있는지 알아서 길을 잃지 않아요. 이는 햇빛이 대기를 통과하면서 생긴 편광(한 방향으로만 진동하는 빛)을 꿀벌이 볼 수 있는 덕분이에요(우리는 특수한 안경을 써야 편광을 볼 수 있어요). 그리고 꿀벌은 몸속에 생체 시계가 있어서 하루가 얼마나 지나갔는지도 알 수 있지요.
꿀벌이 동료와 소통하기 위해 추는 춤은 이러한 꿀벌의 세계 속에서 이해할 수 있어요. 정리해 볼게요. 꿀벌은 태양의 위치에 맞춰 자리를 잡아요. 그런 다음 춤을 추는데, 아무렇게나 추는 게 아니에요. 춤을 추는 데 걸리는 시간은 얼마나 오래 날아가야 하는지를 나타내요. 태양과 몸이 이루는 각도는 어느 방향으로 가야 하는지를 알려 주고요.

정말 놀랍지 않나요? 세상에 이만큼 놀라운 일도 별로 없을 것 같아요.

꿀벌의 춤에 담긴 비밀

그런데 그다음에는요? 새는 어떻게 그 먼 길을 날면서 길을 잃지 않을까요?

철새는 아래에 소개하는 다양한 방법을 이용해 어디로 날아갈지, 언제 멈출지, 경로를 어떻게 바꿀지 등을 알아차린다고 해요.

1. 태양을 나침반으로 사용해요. 밤에는 별이 나침반 역할을 하죠.
2. 지구 자기장을 느껴요. 자기장의 방향과 세기가 곳곳마다 달라서 방향을 잡는 데 도움이 돼요.
3. 해가 질 때의 빛을 보고 어디로 가야 할지 가늠해요.
4. 낮에 관찰한 풍경의 특징(산, 강 등)을 기억해 두었다가 다음에 참고해요.
5. 코리슴새를 비롯한 몇몇 새는 방향을 찾을 때 냄새를 참고한다고 해요.

요약하면, 새들은 타고난 능력과 살아가며 터득한 것을 모두 이용해서 길을 찾아요. 그래서일까요? 바람이 달라지면 나이 많은 새가 더 나은 이동 경로를 더 잘 찾고는 한대요. 과학자들은 새가 평생 학습한다고 여긴답니다.

태양을 느껴 봐

태양은 나침반이고, 시계이고, 달력이에요

철새가 먹이를 구하고 새끼를 낳아 기르기에 더 알맞은 곳을 찾아서 계절에 따라 먼 길을 오간다는 사실 알고 있죠?

그런데 철새는 떠날 시간이 되었다는 것을 어떻게 알까요?
시계가 있는 걸까요?
몸 안에 달력이 있는 걸까요?
아니면 나이 많은 새들이 떠날 날이 왔다고 알려 주는 걸까요?

과학자들은 낮의 길이, 기온, 먹이, 몸 상태를 비롯한 몇 가지가 달라지면 새들이 떠날 때가 되었음을 안다고 설명해요(갇혀 있는 새도 이주할 시기가 되면 평소와 달리 안절부절못한대요).
이러한 변화들이 새에게는 출발 신호처럼 들리는가 봐요.

우리는 꽃으로 인사해요, 좋은 아침!

꽃은 시간이 정확히 맞는 시계가 아닐지도 몰라요. 하지만 여러 꽃이 아침 일찍 꽃잎을 펼치고서 우리에게 인사해요. "좋은 아침!" 아침에 꽃을 피우는 식물들 가운데 들판과 정원에서 만날 수 있는 것을 소개할게요.

뚜껑별꽃
4~5월에 전라남도와 제주의 들판에서 꽃을 피워요. 새벽까지 꽃잎을 닫고 있다가 아침 일찍 꽃잎을 열어요.

애기노랑토끼풀
들판과 길가, 특히 물이 있는 지역에서 볼 수 있어요. 꽃은 5~6월에 피죠.

치커리
들판에서 만날 수 있어요. 7~9월에 꽃을 피우는데, 이른 아침에 꽃잎이 열린답니다.

방가지똥
전국 곳곳의 들판에서 만날 수 있어요. 5~9월에 꽃을 피우는데, 아침 일찍 꽃잎을 열었다가 점심때 닫아요.

태양을 느껴 봐

칼 폰 린네의 꽃 시계
(완벽하게 작동하진 않지만 아름다워요.)

오늘날 우리가 생물을 분류하고 이름을 붙일 때 따르는 체계는 스웨덴 식물학자
칼 폰 린네(1707년 출생, 1778년 사망)가 만든 거예요. 칼 폰 린네에 대해 들어 보았나요?

자부심 넘치는 식물학자이던 린네는 하루에 몇 시간씩 식물을 관찰했다고 해요.
그러다 꽃잎이 열리고 닫히는 시각이 식물의 종류마다 다르다는 것을 알게 되었어요.
린네는 꽃잎이 열리고 닫히는 시각이 각각 다른 꽃들을 모아 정원 시계를 만들 수 있겠다는
재밌는 생각을 떠올렸어요. 그리고 그 시계의 이름을
'꽃 시계(horologium florae)'라고 지었죠.

꽃 시계는 매우 아름답지만, 식물이 자라는 장소를 비롯한
여러 조건이 꽃잎이 열리고 닫히는 데 영향을 주기 때문에 완벽하게
작동하기는 어려워요.

린네가 꽃 시계를 직접 가꾸지는 않은 듯해요.
하지만 여러 정원사와 식물학자가 린네가 고른 식물들을 이용해
꽃 시계를 가꿔 보았답니다.

거의 모든 식물이 매우 느리게 움직이기 때문에 식물의 움직임을 관찰하기란 쉽지 않은 일이에요.
하지만 몇 시간에서 며칠 동안 촬영한 다음 영상을 빠른 속도로 재생하면 식물들이
얼마나 부지런히 움직이는지 볼 수 있어요.

땅속 씨앗에서 싹을 틔운 식물은 빛을 향해 달리기를 시작해요. 싹이 땅 위로 나온 뒤로는
태양을 향한 달리기가 잠깐도 멈추지 않지요. 식물이 광합성을 해서 에너지를 만드는 데
빛은 꼭 필요하니까요. 줄기와 잎이 햇빛 비치는 쪽으로 기우는데, 이는 식물에 빛을 느끼고
그에 반응하는 단백질과 이 단백질의 기능을 조절하는 유전자가 있기 때문이에요.

창가에 둔 화분을 보면 식물 이파리가 빛이 비치는 쪽으로 기울어 있죠? 그 화분을 빛의
반대쪽으로 돌려놓으면 몇 시간 뒤 잎의 기울기가 바뀌는 것을 볼 수 있어요. 이는 식물이
빛에서 가장 멀리 있는 줄기의 세포를 길게 늘이기 때문에 일어난 일이에요.

토마토, 오이, 옥수수, 해바라기 등의 씨앗을 화분에 심어 창가에 두면, 싹이 트고 자라나는
모습을 관찰할 수 있어요. 부지런히 자라나는 모습이 아주 흥미로울 거예요.

식물과 빛의 관계가 재밌나요?
그렇다면 관찰을 계속해서 사진을 찍고, 길이를 재고, 관찰 일지를 써 봐요.
아마 관찰이 끝날 때쯤 새로운 질문이 떠오를 거예요. 이것이 과학이죠!
식물이 어떻게 움직이는지 궁금하면 인터넷에서 동영상을 검색해 봐요. 신비로운
영상을 만나게 될 거예요.

태양은 식물도 춤추게 해

걸을 수 있는 다리가 없지만 식물도 움직여요. 쭉 펴고, 기울고, 구부리지요.
이렇게 움직이면서 자라기에 더 나은 환경을 찾아내는데, 같은 이유로 햇빛을
더 잘 받기 위해서 움직이죠. 이처럼 빛 때문에 식물이 굽는 성질을 '굴광성'이라고 부릅니다.

가뭄은 정말 심각한 문제!

가뭄은 가벼이 여길 문제가 아니에요. 심각한 일이죠. 예전보다 비가 적게 내리는 지역에서는 가뭄이 슬픈 결과로 이어질 수 있습니다.

서식지 파괴(예: 말라 버린 연못).

고통받는 야생 동식물(예: 연못이 사라진 곳에 남겨진 개구리).

물을 대기 힘들어진 논과 밭.

비어 버린 댐(생활용수 공급 및 전기 생산 문제).

기후 변화 때문에 가뭄이 더 길어졌어요.
이를 막기 위해 할 수 있는 모든 일을 지금 당장 해야 해요!

그냥 별일 아닌 것처럼 넘어가지 말아요. 제발!

세계에서 태양이 가장 오래 떠 있는 곳

세계에서 일조 시간이 가장 긴 도시 중 하나는 미국 애리조나주의 유마예요. 1년에 4000시간 정도 되죠. 이집트와 수단에도 유마와 일조 시간이 비슷한 도시들이 있어요. 한국에서는 강원도 철원군이 일조 시간이 가장 긴 편에 드는 지역이에요. 1년에 2600시간쯤 된답니다.

햇빛이 우리에게 오지 않으니 우리가 끌어오는 수밖에

세계에서 일조 시간이 가장 짧은 마을 중 하나는 노르웨이의 류칸입니다.
커다란 산 두 개 사이의 좁은 계곡에 있는 이 마을의 주민들은 1년의 절반 가까이 코끝에 햇빛 한 줄기 닿지 않는 시간을 보냈지요.
2013년에 상황이 달라졌어요. 산비탈에 초대형 거울 시스템을 설치했거든요.
이제는 이 거울에 반사된 햇빛이 마을의 중앙 광장까지 들어온답니다.

놀라워라, 어디로든 태양을 불러오는 인간의 솜씨!
(좋은 것은 함께 알아야 해요.)

선크림 바르는 개구리!

선크림은 아니고 목 부위에서 분비되는 액체를 발라요. 왁시몽키트리프로그는 발로
이 분비물을 온몸에 문질러 바르죠. 덕분에 햇빛에 데지 않을 수 있어요.
한 군데도 빼놓지 않고 구석구석 바르는 모습이 신기해요!
남아메리카 숲의 덥고 건조한 지역에 사는 이 개구리에 대해 더 알고 싶다면,
인터넷에서 왁시몽키트리프로그(또는 학명인 Phyllomedusa sauvagii)를 검색해 봐요.
분비물을 바르는 영상을 비롯해 다양한 정보를 만나게 될 거예요.

태양을 느껴 봐

이 페이지는 햇볕에 데었어요

일광욕할 때 화상을 입지 않으려면
자외선이 약한 오후 4시부터 하는 것이 좋아요.

어떤 선글라스가 마음에 드나요?

선글라스를 맨 먼저 쓰기 시작한 사람들은 북극 지방에 사는 이누이트였을 거래요.
햇빛을 거의 다(약 90퍼센트) 반사하는 눈과 얼음에 둘러싸여 살았기 때문에,
강한 빛으로부터 눈을 보호해야 했거든요(멋을 부리려던 건 아니었어요).
이들은 빛이 조금만 통과하도록 작은 홈을 낸 동물의 뼈나 상아를 선글라스처럼 썼답니다.

태양을 느껴 봐

(다른 시간에 다른 색깔로 그림자를 그려 봐요. 적당한 물건이 없으면 손그림자를 그려도 좋겠네요.)

해와 그림자

이 책을 햇살 아래로 가져가서 여기를 펼치고서 작은 물건을 몇 개 올려놓아요.
그런 다음 햇빛을 받아 생겨난 물건의 그림자를 그려요.

1907년, 용감한 수영 선수 아네트 켈러만이 "이제, 그만!"이라고 외쳤어요. 아티스틱 스위밍을 하다 보니, 수영복은 가볍고 몸에 착 달라붙어야 한다고 생각했던 거예요. 그래서 새로운 수영복을 직접 만들어 입었죠. 아네트의 행동에 세상은 깜짝 놀랐어요. 심지어 아네트는 이런 수영복을 입었다는 이유로 경찰에 체포되기도 했죠. 하지만 이 새로운 수영복은 물가에 갈 때마다 무거운 드레스를 입는 데 지친 여성들 사이에서 금방 인기를 얻었답니다.

1940년대 중반에 최초의 비키니가 등장했어요. 이는 태양 아래에서 일어난 새로운 혁명이었죠.

태양을 느껴 봐

태양 아래에서 일어난 작은 혁명

19세기 중반에 살던 여성들은, 아이나 어른 할 것 없이 이런 차림으로 바닷가에 갔어요.

해변에 갈 때 여성들은 모직(털로 짠 옷감)이나 플란넬(얇은 모직 또는 털실과 면 등을 섞어 짠 옷감)로 지은 긴 드레스와 바지를 입었어요. 안 그래도 무거운 옷인데 물에 젖으면 더 무거워져서 여성들은 수영을 할 수 없었지요. 하지만 이 시절에는 수영복이 온몸을 감싸고 물에 젖어도 비치지 않는 것이 무엇보다 중요했어요.

그래도 어린이는 좀 나았죠. 이렇게 반소매를 입을 수 있었으니까요.

체로 태양을 가리는 짓

아무리 애써도 소용없는 일이라는 뜻이에요.
체가 뭔지 알죠? 곡식이나 가루 같은 것을
거를 때 쓰는, 구멍이 숭숭 뚫린 도구 있잖아요.
그 체로 태양을 가린다고 상상해 봐요.
과연 햇볕이 가려질까요?
숨길 수 없는 것을 숨기려고 하거나 피할 수 없는 것을
피하려고 할 때, 우리는 "체로 태양을 가리는
짓이야!"라고 말한답니다.

다 보여!

태양을 느껴 봐

해에서 해까지 일한다

무슨 뜻인지 짐작 가죠? 말 그대로 해 뜰 때부터
해 질 때까지 고되게 일한다는 뜻이에요.

격언이 태양과 만나면?

지혜가 담긴 포르투갈 격언을 만나 볼까요?

멍석에 햇볕 무밭에 비

멍석은 곡식을 널어 말리고 타작할 때 쓰는 깔개예요. 무밭은 무를 기르는 밭이고요. 그러니 멍석 위에 해가 뜨고 무밭에 비가 내린다면 품질 좋은 곡식과 무를 얻는 데 더할 나위 없이 좋죠. 하지만 한 마을에 이 두 가지 날씨가 동시에 있기란 불가능하겠죠? 그래서 "멍석에 해가 떴는데 무밭에 비가 올 수는 없어!" 하고 말합니다. 모순하는 것을 동시에 바라서는 안 된다는 뜻이에요. 물론 언제나 예외는 있는 법이지만요!

태양을 느껴 봐

벌써 많이 나아졌어요.
고마워요.

의사 선생님이 이런 처방도 내려 준다고?

일주일 동안 햇볕 쬐기.

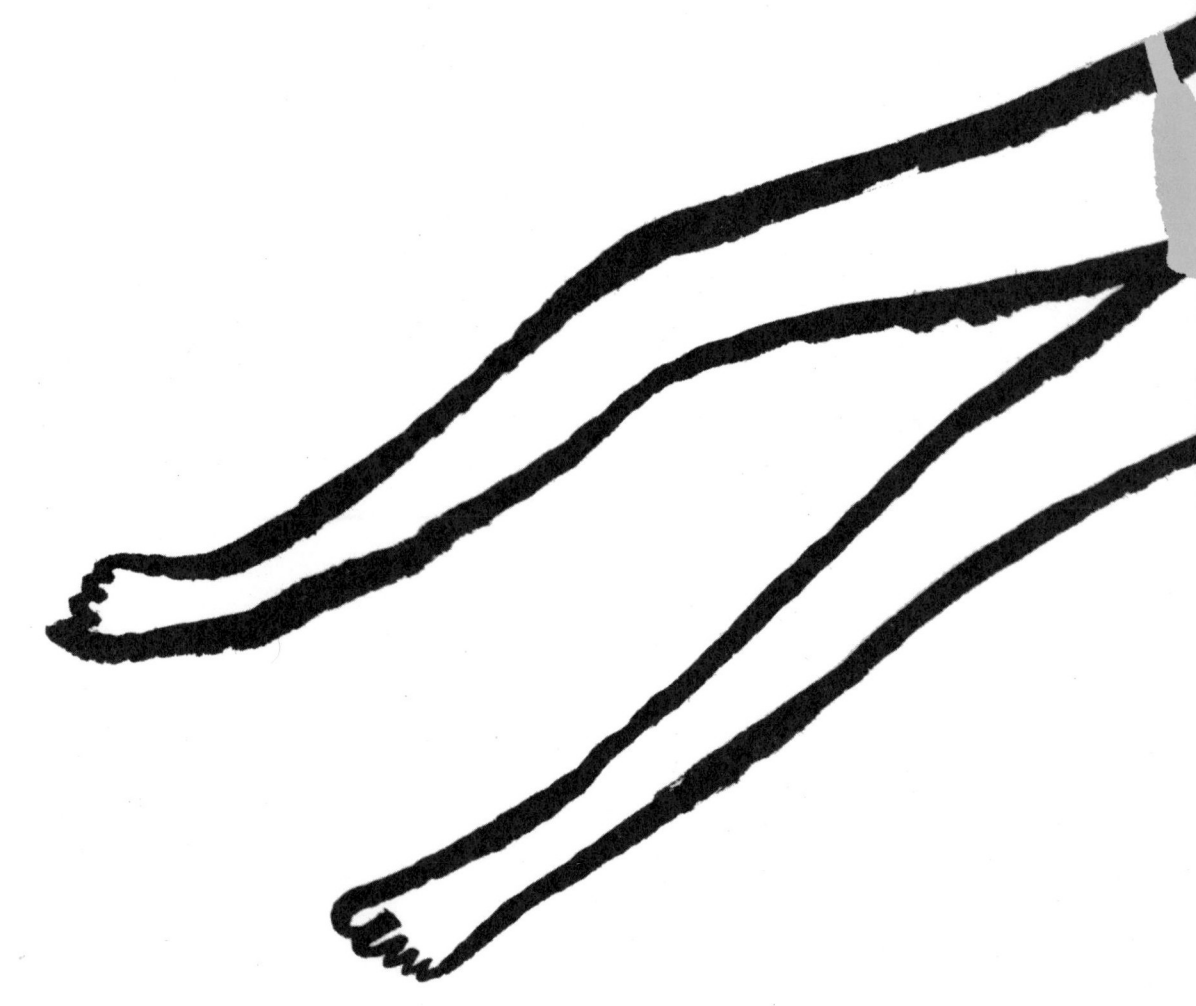

반투명한 얇은 커튼에 따뜻하게
드리운 햇살.
↓

태양을 느껴 봐

↑
지붕과 담장 사이를 고양이처럼
슬그머니 지나가는 햇살.

햇살을 그려 봐요

열린 창으로 쏟아져
들어오는 햇살.
↓

↑
좁은 블라인드 틈새를 날렵하게
지나는 햇살.

마법이 펼쳐져요

오, 정말이네!

태양을 느껴 봐

해가 뜨면

알람을 맞춰요. 떠오르는 태양을 만나러 가요. *

3월 21일 해 뜨는 시각: 06시 34분
6월 21일 해 뜨는 시각: 05시 11분
9월 21일 해 뜨는 시각: 06시 19분
12월 21일 해 뜨는 시각: 07시 43분

* 서울 지역의 일출 시각이에요.
  QR코드를 스캔하면 여러분이 사는 지역의 일출 시각을 알아볼 수 있어요.

우와!

정말 장관이네, 불꽃 같아!

너무 졸려!

···
(물론 말없이 조용히 있는 사람도 있어요.)

태양을 느껴 봐

모두를 위해 떠오르는 태양

떠오르는 태양을 본 적 있나요?
본 적 없다고요? 그럼 함께 볼까요?

떠오르는 태양을 보며 우리가 흔히 하는 생각.

태양처럼 돌며 춤을 춰요

지구만 도는 것이 아니라는 사실, 알고 있나요?
(몰랐더라도 걱정 말아요. 어른들도 몰랐는데 배운 거예요.)

태양도 돌아요. 하지만 태양과 지구는 다른 춤을 추는 춤꾼이죠. 지구는 암석형 행성이어서 행성의 경계가 뚜렷하고, 극지방에서 적도까지 모두 하루에 한 바퀴 돌아요. 달리 표현하면, 북극점과 남극점을 지나는 가상의 선을 축으로 24시간 만에 한 바퀴 자전해요.
하지만 태양의 자전은 지구의 자전과는 달라요. 한 바퀴 도는 데 걸리는 시간이 극지방부터 적도까지 제각각이거든요. 극지방은 한 바퀴 도는 데 30일 이상 걸리지만(북극점이나 남극점에 가까워질수록 자전 주기가 길어짐), 적도 지역은 24일밖에 걸리지 않아요.
태양은 플라스마로 되어 있어서 암석형 행성처럼 전체가 한 덩어리로 돌지 않고 부분마다 제각각 회전하기 때문이에요. 이러한 움직임을 상상할 수 있나요?

태양을 느껴 봐

태양을 기리는 춤을 추어요.
극지방(머리와 발)은 가장 느리게,
적도(양쪽으로 벌린 팔)는 조금 더
빠르게 돌려요.

하나의 태양 아래 있는 우리

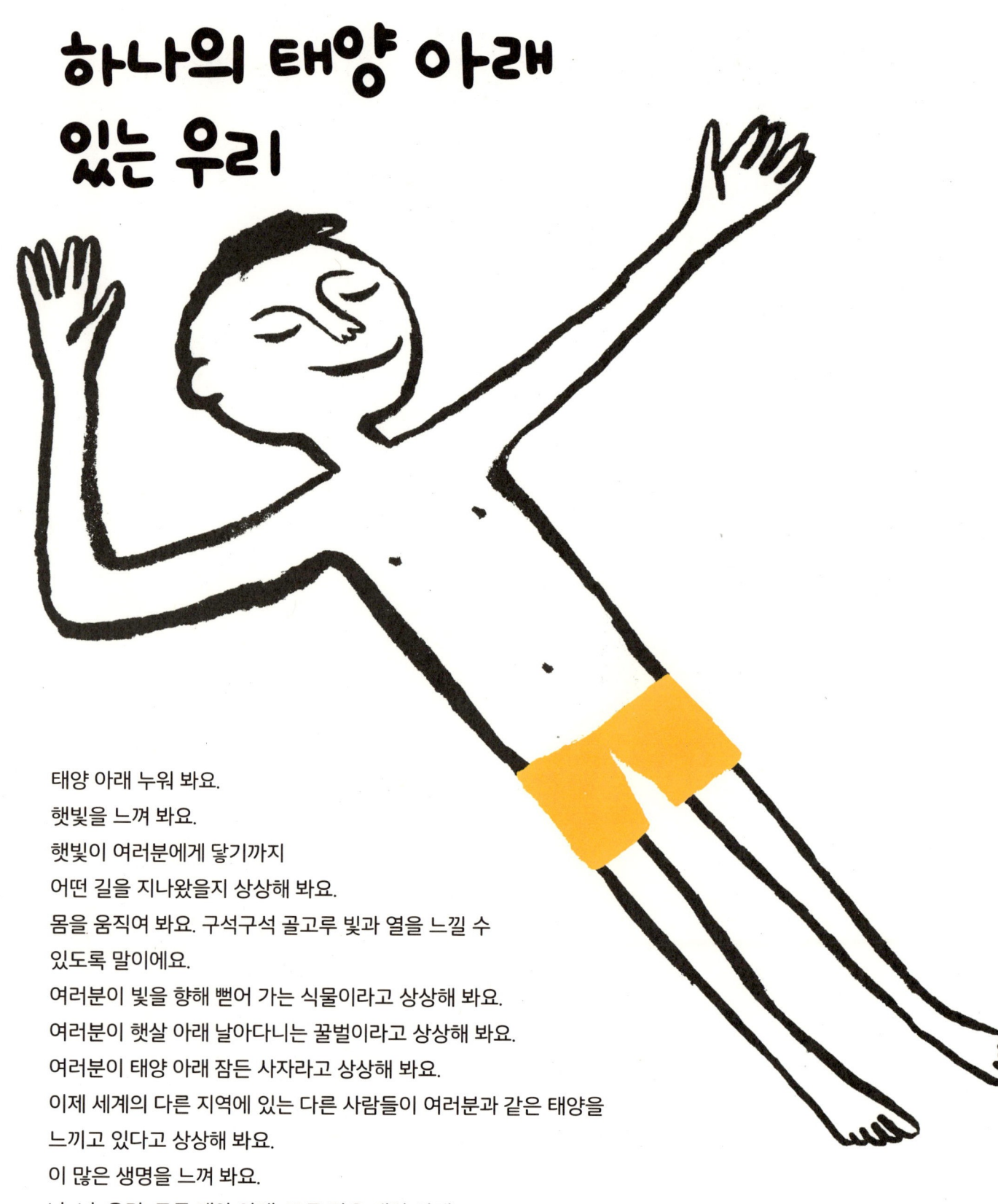

태양 아래 누워 봐요.
햇빛을 느껴 봐요.
햇빛이 여러분에게 닿기까지
어떤 길을 지나왔을지 상상해 봐요.
몸을 움직여 봐요. 구석구석 골고루 빛과 열을 느낄 수 있도록 말이에요.
여러분이 빛을 향해 뻗어 가는 식물이라고 상상해 봐요.
여러분이 햇살 아래 날아다니는 꿀벌이라고 상상해 봐요.
여러분이 태양 아래 잠든 사자라고 상상해 봐요.
이제 세계의 다른 지역에 있는 다른 사람들이 여러분과 같은 태양을 느끼고 있다고 상상해 봐요.
이 많은 생명을 느껴 봐요.
나, 너, 우리, 모두 태양 아래, 모두 같은 태양 아래.

태양이 어디로 갔을까?

한 번도 찾아본 적 없나요?
그래도 괜찮아요.
그렇지만 다음에 잘 익은 복숭아를
맛볼 때 이걸 꼭 기억해요.
태양이 여기 있구나!

태양을 느껴 봐

태양은 돌고 돌아요

태양에서 나뭇잎으로
나뭇잎에서 사과로
사과에서 여러분의 입으로

여러분의 입에서 혈액, 근육, 힘줄로
근육과 힘줄에서 공중제비로
공중제비를 넘다가 바닥에 쾅당!

지구의 모든 에너지는 어디에서 올까?

정답: 태양으로부터.

태양의 중심부에서 표면으로 전달된 에너지는 우주로 나가요. 우리에게 다행스럽게도 그중 일부가 빛과 열로 지구에 도달하죠.

그렇게 지구에 온 태양 에너지는 무언가에 흡수된 다음 다른 것으로 전달됩니다. 태양 에너지가 다른 방식의 에너지로 바뀌고, 태양 에너지에 닿은 것들이 다른 것으로 변한다는 뜻이에요. 예를 들어 볼게요. 태양열은 공기를 데워서 바람을 만들어요. 또 태양열은 바다를 데우고 해류(바닷물의 흐름)를 만들죠. 햇빛은 식물을 자라게 하고 열매를 맺게 하죠. 그걸 우리가 먹으면 몸을 키우고 움직이는 에너지가 되고요.

이렇게 (거의) 모든 에너지는 태양에서 온답니다.

태양을 느껴 봐

얼마나 걸릴까?

질문:
햇빛이 지구까지 오는 데 걸리는 시간은?

정답:
8분 20초. 빛은 1초에 약 30만 킬로미터를 이동해요. 빛의 속도를 '광속'이라고 부르죠.

질문 하나 더:
태양 에너지가 태양 중심부에서 태양 표면으로 이동하는 데 걸리는 시간은?

정답:
정확히 알 수는 없지만, 수천~수만 년이 걸리는 건 분명해요. 이렇게 길고 긴 시간이 걸릴 정도로 태양은 정말이지 어마어마하게 큰 발전소랍니다.

태양이 꺼질까요?
(살려 주세요!)

과학자들이 계산해 봤더니 약 50억 년 뒤에 태양의 수소가 다 없어질 거라는 결과가 나왔다고 해요(가스레인지의 가스가 떨어지는 것과 비슷하죠). 핵융합의 연료가 바닥난 태양은 더 이상 빛과 열을 낼 수 없을 거예요.

안심해요. 이 일은 까마득한 미래에, 영원에 가까운 시간 뒤에 일어날 테니까요!

태양을 느껴 봐

태양은 어떻게 빛과 열을 내나요?

태양의 중심부에는 수소를 녹여 헬륨을 만드는 경이로운 주방이 있어요(앞에서 이야기한 것 기억나죠?). 수소가 헬륨으로 바뀌는 현상은 '핵융합'을 통해 일어나는데, 이 과정에서 엄청난 양의 에너지(빛과 열)가 나와요. 핵융합이 일어나는 주방의 온도는 섭씨 1500만 도나 된답니다. 모든 요리사는 티셔츠와 반바지를 입어야겠죠?

바다에서 해조류를
어루만지는.

추위에 떠는 작은 새의
날개를 감싸는.

심각한 사람을
웃게 만드는.

태양을 느껴 봐

세상을 뒤덮은 얼음을
녹이는.

시냇물을 반짝이는.

진열대 구석의
오래된 비스킷에게 인사하는.

여기에도 태양이 있네!
(태양 그리기)

그릇에 담긴
아이스크림을 맛보는.
(서둘러요, 녹고 있어요!)

참마의 커다란
잎사귀에서 쉬는.

공작고사리의 작은
잎사귀를 간질이는.

산꼭대기에 내리쬐는.

고체도, 액체도, 기체도 아니라면?

고체도, 액체도, 기체도 아니라면 대체 무엇일까요?
두 쪽 앞(31쪽)에서 태양이 거대한 기체 덩어리라고 해 놓고 이제 와서 무슨 소리냐고요?
태양은 기체는 기체인데 보통 기체와는 다른 것으로 이루어져 있어요. 물질에는 고체, 액체, 기체의 세 가지 상태만 있는 것이 아니거든요.
특수한 조건에서 기체는, 두구 두구 두구 두구… 물질의 네 번째 상태인 플라스마(플러스 전기와 마이너스 전기를 띤 입자)가 될 수 있답니다.

액체가 가열되면 기체가 되듯이, 기체는 엄청나게(정말로 엄청나게) 가열되면
플라스마로 변합니다. 이 현상이 태양에서 끊임없이 일어나고 있죠.

**플라스마 같은,
은하 같은,
신비로운,
환상적인!**

태양을 느껴 봐

내 이름은 헬륨

아무도 태양에 헬륨이 있다는 것을 몰랐어요.
사실, 이 화학 원소는 지구에서 발견된 적도 없었답니다. 이 세상에 헬륨이 존재한다는 것을 아무도 몰랐다는 뜻이죠.

그렇다면 지구에서 한 번도 발견된 적 없는 물질이 태양처럼 먼(그리고 뜨거운) 곳에 있다는 것을 어떻게 알아냈을까요?
19세기에 분광기를 이용해 태양을 연구한 두 천문학자*가 햇빛에서 전혀 예상하지 못했던 것을 발견했어요. 이제까지 연구소에서 분석한 다른 모든 물질에서 관찰했던 것과는 다른 선 스펙트럼이었죠. 원소마다 선 스펙트럼이 다르게 나타나므로, 지구에서 확인된 적이 없는 새로운 원소를 발견한 것이죠.

그중 한 명이 그리스 신화에서 태양신의 이름인 헬리오스를 따서 이 원소의 이름을 헬륨이라고 지었어요. 헬륨은 지구보다 우주에서 먼저 확인된 최초의(그리고 지금까지 유일한) 물질이랍니다.

---

* 피에르 장센과 노먼 로키어. 이들은 각자 태양을 연구했어요. 함께 일하지 않았지만 똑같은 결론에 다다랐지요. 정말 흥미롭지 않나요?

태양은 무엇으로 이루어졌을까?

정답은 기체. 태양은 주로 수소와 헬륨으로 되어 있는 거대한 기체 덩어리예요.
빛을 여러 색상으로 매우 자세하게 분리하여 관측할 수 있는 도구를 '분광기'라고 하는데,
19세기에 천문학자들이 분광기를 장착한 망원경을 사용해 태양이 무엇으로 이루어졌는지
자세히 알아냈어요.
초기에 천문학자들이 태양을 관측해서 발견한 물질은 탄소, 수소, 산소와 같이 이미 알고 있는
것들이었어요. 그런데 이후 완전히 새로운 물질인 헬륨이 발견되었지요.

태양은 얼마나 멀리 있을까?

태양은 지구로부터 1억 4959만 7871킬로미터 떨어져 있어요. 과학자들은 이 거리를 1천문단위(1AU)라고 정했어요. 그리고 천문단위를 이용해 태양계 안에서 거리를 표시합니다.

1AU?
와우!

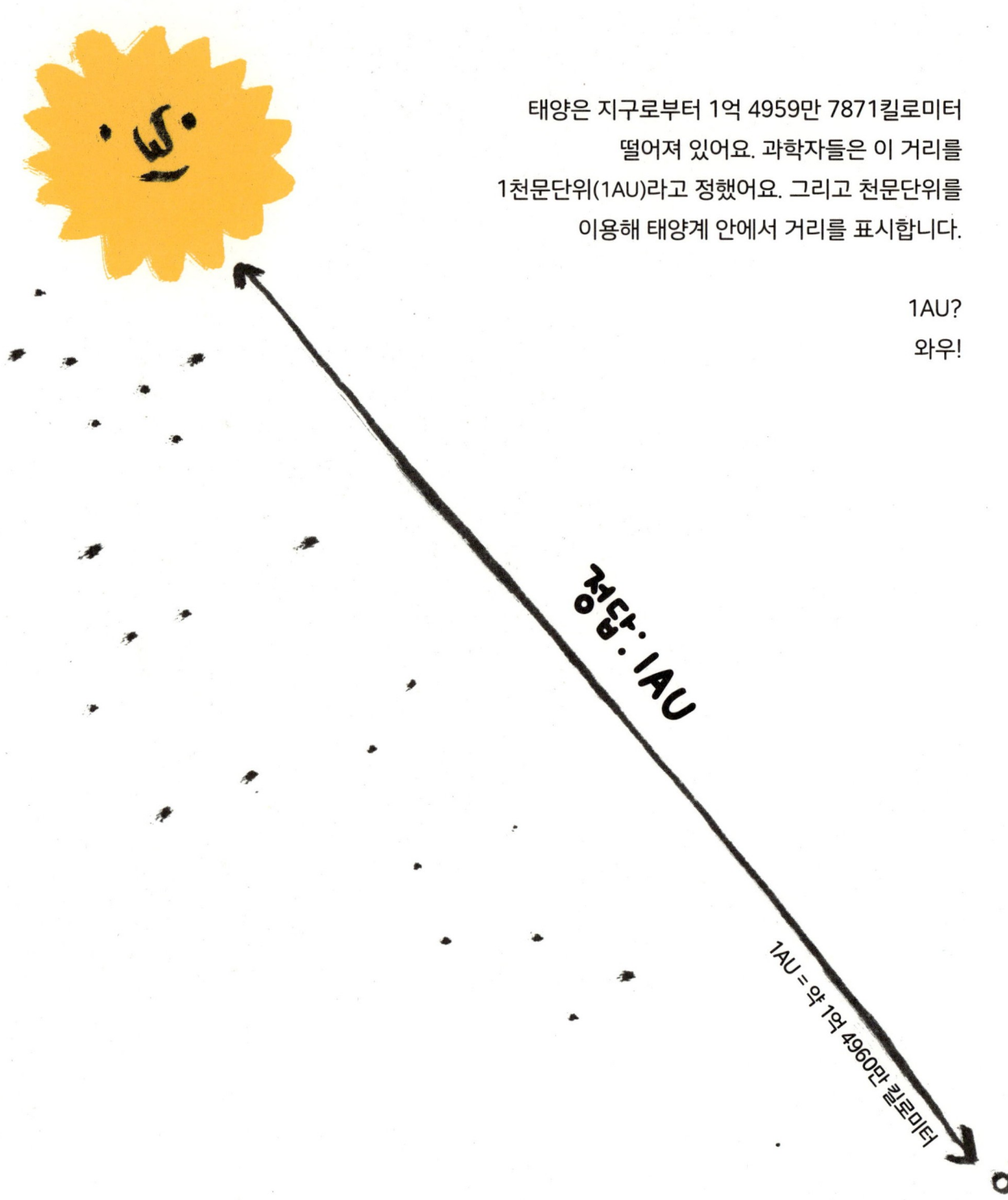

정답: 1AU

1AU = 약 1억 4960만 킬로미터

이러한 수소 핵의 융합 과정에서 빛이 나오기 시작해요. 드디어 별, 즉 태양이 탄생한 거예요.

우리의 태양은 지난 46억 년 동안 한순간도 쉬지 않고 수소 원자를 헬륨 원자로 바꾸는 거대한 기체 덩어리예요. 그러면서 엄청난 양의 빛을 우주로 내보내는데, 그중 일부가 지구에 있는 우리에게 도착하죠.

(와우! 정말 놀랍지 않나요? 만약 놀라지 않았다면, 분명 딴생각을 하고 있었던 거예요. 그렇다면 처음부터 다시 읽어야 해요.)

눈을 감고 태양이 탄생하는 장면을 상상해 봐요. 어떤 모습이 떠오르나요?

태양을 느껴 봐

태양은 어떻게 생겨났을까?

태양은 약 46억 년 전에 생겨났어요. 태양의 탄생에 관한 놀라운 이야기를 들려줄게요.

지구에서 보면 은하계에는 거대한 구름처럼 보이는 성운이 있어요. 엄청난 양의 기체와 먼지 덩어리죠. 이 성운에서 별이 태어난답니다!

성운 근처에서 태양의 수십 배나 되는 거대한 별이 폭발해요(초신성 폭발). 그 충격으로 성운 일부가 회전하면서 뭉치기 시작해요. 이렇게 회전하는 성운의 중심은 더 단단히 뭉치면서 온도와 압력이 급상승하고, 이윽고 수소 원자 여러 개가 융합하여 완전히 다른 물질인 헬륨 원자가 생겨나기 시작하죠.

태양을 느껴 봐

* '인생의 태양'이란 여러분에게 태양처럼 밝은 빛을 비추는 사람을 말해요. 물론 한 명이 아니라 여러 명일 수 있어요.

오, 나의 태양

여기에 여러분의 '인생의 태양'*을 그려 봐요

정말로 그렇지요.
이리 와요. 여기에 여러분을 위한 자리가 있어요!

태양을 느껴 봐

태양에 대해 정말 알고 싶은 게 있나요?

그렇다면 여기에 질문들을 써 봐요. 태양 광선 한 줄기에 하나씩요.

사람들은 언제나 태양을 궁금해했어요.

망원경이 발명되기 수천 년 전에도 사람들은 태양에 대해 여러 가지(여기에 소개한 것보다 훨씬 많이)를 궁금해했어요. 바빌로니아, 고대 그리스, 남아메리카에 있던 고대 국가의 천문학자들은 천문대를 세우고 태양과 별의 움직임을 관찰했어요.

태양에 관한 수많은 질문

어떻게 생겨났을까?

혹시 꺼지는 건 아닐까?

어떻게 그림자를 만들까?

여기, 아름다운 태양 한 조각 주문이요

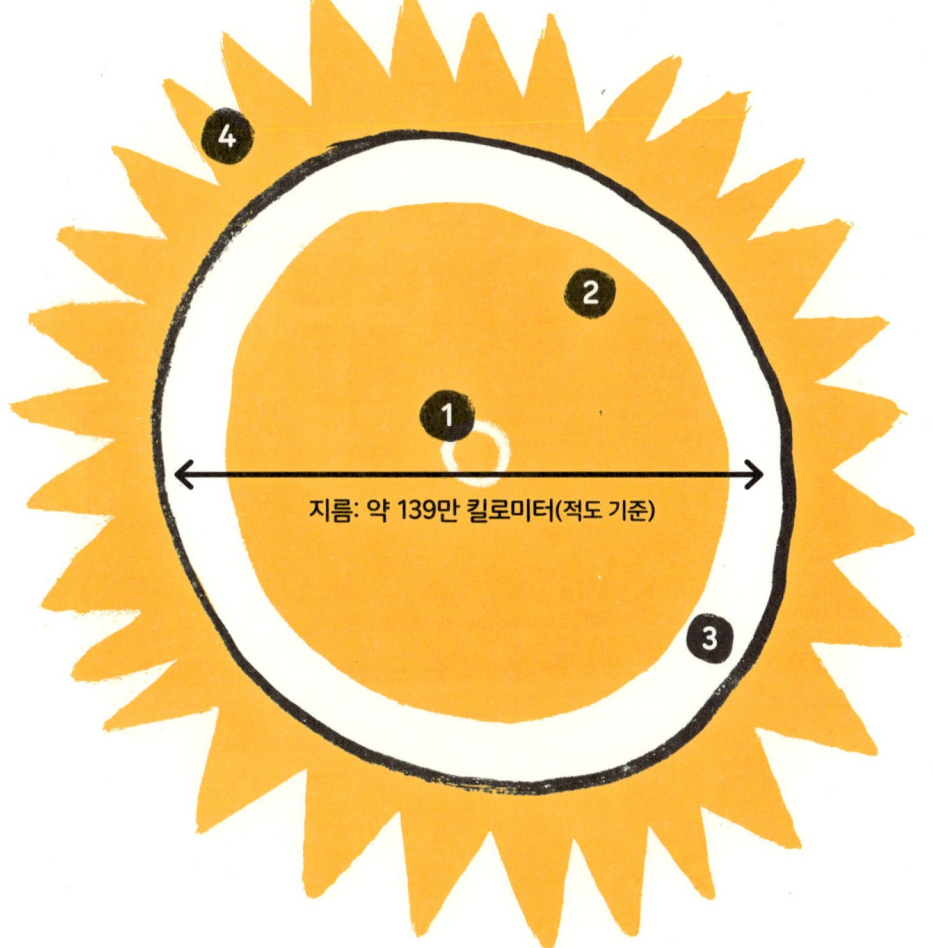

지름: 약 139만 킬로미터(적도 기준)

만약 태양이 과일이라면

1. 중심에는 '핵'이라고 부르는 딱딱한 씨앗이 있어요.
2. 표면에는 광구('빛 공'이라는 뜻)라고 부르는 껍질이 있어요.
3. 태양 대기가 광구를 둘러싸고 있고,
4. 태양 대기의 바깥층인 코로나(corona, 라틴어로 '왕관'이라는 뜻)는 왕관 모양이죠. 태양이 왕이라는 걸 증명이라도 하듯 말이에요.

그렇다면 얼마나 클까?

태양의 반지름(중심에서 표면까지 길이)은
약 69만 5000킬로미터예요.
별 가운데는 태양보다 훨씬 더 작은 별도 있고(중성자별은
반지름이 수십 킬로미터 정도), 수백 배 또는 수천 배 더 큰 거성과
초거성 같은 별도 있어요. 태양은 다른 별과 비교하면 중간
크기의 별이랍니다.

하지만 우리에게는 태양이 가장 커요. 실제로 가장 큰 별은
아니지만, 가장 가깝게 있기 때문에 가장 크게 보이죠.

태양은 정말로 가장 커요

태양은 태양계에서 가장 큰 물체예요.
부피로 보면, 지구 100만 개를 합친 것보다 더 크지요.
그리고 너무나도 강력한 태양의 중력은 크고 작은 행성, 소행성, 혜성이
태양계 바깥의 우주로 나가지 못하도록 끌어당겨요.

태양은 우리 행성계, 즉 태양계의 중심이자 생명의 중심이에요.
태양의 빛과 열이 없었다면 우리는 이렇게 이야기할 수 없었을 거예요.
나무도 존재하지 않았을 거고, 밀물과 썰물도 달랐을 거예요.
꽃의 향기도 느껴지지 않았겠죠. 곤충이 윙윙거리지도 않았을 거고요.
바람이 없고, 낮과 밤도 없고, 미세 조류도 없고, 버섯, 딸기, 제비도 없었을 거예요.
아이스크림이 녹지 않았을 거고, 햇볕에 피부가 타지도 않았겠죠.

공기 속으로, 태양 속으로

"재미있게 잘 놀다가 왔어요. 땀을 뻘뻘 흘리면서 숨이 턱에 차게 논 것은 아니에요.
그런데 행복했어요. 재미있는 이야기도 만나고, '왜? 그럴까?' 궁금했던 것도 풀렸어요."

내가 이 책을 읽은 여러분이라면 감상문에 이렇게 적을 것 같아요.
여러분은 지구에 얼마나 오랫동안 살고 있나요? 그러니까 태양과 공기와 얼마나 오랫동안
함께하였나요? 지구에 살다 보면 거의 매일 태양을 만나고, 매 순간 공기를 접하지요.
늘 곁에 있다 보니 특별하다는 생각이 잘 들지 않죠. 그래서일까요, 태양과 공기와 함께 살지만,
그들을 만나서 찬찬히 오래도록 본 적이 없는 것 같아요.

태양과 공기를 이해하기 위해서는 과학이라는 렌즈로 관찰하고 풀어 보고 해석해야 해요.
외국어 공부를 해서 외국 사람들과 이야기하는 것과 크게 다르지 않아요. 누군가의 이야기를
들으려면 그의 언어를 알아야 하는 것처럼, 태양과 공기를 이해하려면 과학을 알아야 하는 거예요.
하지만 과학이라는 렌즈 하나로는 태양과 공기를 충분히 이해할 수는 없어요.

좁은 블라인드 틈새를 날렵하게 지나는 햇살의 묘기에 박수를 쳐 봐요. 잘 익은 복숭아 속에서
태양을 만나 봐요. 소리를 공이라고 생각하고 힘껏 던져 봐요. 공기가 발가락 사이를 지나가도록
간지러워도 잠시 참아 봐요. 지구의 이곳저곳에서, 또 아주 오랜 옛날 태양과 공기를 만난 사람들의
이야기도 들어 봐요. 그러다 보면 모두를 위한 공기와 모두를 비추는 태양을 좀 더 잘 이해하고
한결 친근하게 느낄 거예요.

이 책은 그런 책이에요. 펼쳐진 도화지라기보다는 문이 열려 있는 정원이나 도서관 혹은
바다 같은 책이지요. 주저하지 말고 그냥 가볍게 문을 밀고 들어가요. 그리고 마음 가는 대로 걸으며
이것저것 들여다보고, 가지고 놀고, 느껴 봐요. 바다에 뛰어들듯 공기 속으로,
태양 속으로 뛰어들어요. 그렇게 공기와 태양을 새롭게 만나 봐요.

참, 공기와 태양을 따라가다가 끝에 가서 만나게 되는 기가 막힌 마지막 장도 놓치지 마세요.
절로 웃음 짓게 된답니다.

내용을 검토해 주서 고마워요

소니아 안톤
포르투갈 코임브라 대학교 물리학 센터에서 연구하는 천체물리학자. 은하, 특히 거대질량 블랙홀을 포함한 은하의 탄생과 진화에 관한 비밀을 풀기 위해 탐구하고 있다.

리카르두 트리구
포르투갈 리스본 대학교 과학부 교수. 지구물리학자로서 폭염, 가뭄, 산불, 태풍, 홍수와 같은 극한 기후를 연구한다.

리카르두 투메
올빼미에 관한 연구로 박사 학위를 받은 생물학자. 포르투갈조류연구협회(SPEA) 회장을 지냈으며, 새와 새의 서식지를 보호하는 활동을 펼치고 있다.

페르난두 카타리누
포르투갈의 저명한 식물학자. 리스본 대학교 과학부 교수이며, 20년 넘도록 리스본 식물원의 책임자로 있었다. 생명 다양성 보존을 위해 활동하고 있다.

이토록 경이로운 태양과 공기

며칠 전 별똥별이 포르투갈의 하늘을 가로질렀어요. 시속 10만 킬로미터의 속도로 떨어졌지만 몇 초 만에 분해되어 아무런 피해도 없었어요. 화성과 목성 사이에는 '소행성대'로 알려진 지역이 있는데, 이 별똥별은 아마 그곳에서 온 소행성의 부서진 조각이었을 거예요. 공기는 별똥별들을 잘 알고 있어요. 매일 약 100톤의 우주 먼지가 지구 대기로 흘러들거든요. 그중 일부는 며칠 전 별똥별처럼 증발하듯 사라져요. 사람들이 자는 동안, 조금도 충격을 주지 않고 말이죠.

우리는 엄청나게 운이 좋아요. 하지만 이 사실을 자주 잊어버리죠. 알맞은 거리에 별(태양)이 있고, 그 별의 빛과 열에 기대어 다양한 생명(조류, 어류, 포유류, 나무, 꽃, 곤충 등)이 살아가죠. 그리고 대기가 우리 행성(지구)을 둘러싸고서 온도를 조절하고 이것저것을 막아 주는 방패이자 필터이자 안전모(그 밖에 아직 알려지지 않은 많은 것들)가 되어 줘요. 그런데 인류의 욕심 때문에 대기가 균형을 잃고 있어요. 우리가 이 모든 사실에 끊임없이 감탄하고 놀랄 필요는 없겠죠. 하지만 하나도 알지 못하는 것도 지나쳐 보여요.

이 책은 우주, 태양, 공기, 지구에 대한 찬사예요. 지식과 정보가 담긴 쪽도 있고, 활동을 안내하는 쪽도 있고, 잠시 숨을 고를 수 있는 쪽, 재미만 주는 쪽도 있어요. 어떤 부분에서는 과학이 이미 밝혀낸 질문에 답을 하고(바람이란 무엇일까, 태양은 얼마나 클까?), 또 어떤 부분에서는 벌, 새, 날아다니는 씨앗에 대해 들려주죠. 물론 사람에 대해서도 이야기하고요. 창문으로 들어오는 햇살, 폐로 들어오는 공기, 바람에 날아가는 모자, 일광욕, 요트, 사람들… 모두 우리 삶의 태양이에요.

이 책은 어른, 아이 할 것 없이 모두를 위한 책이에요. 몇 군데를 천천히 오래 봐도 괜찮고, 여기저기 자세히 들여다봐도 좋아요. 아무렴 어때요. 그냥 그렇게 하는 거죠.

태양이 기다리고 있어요. 어서 가요.
이제라도 공기를 흠뻑 느껴 봐요.

태양을 느껴 봐

이자벨 미뇨스 마르팅스 글
베르나르두 카르발류 그림
유민정 옮김 · 김추령 감수

원더박스

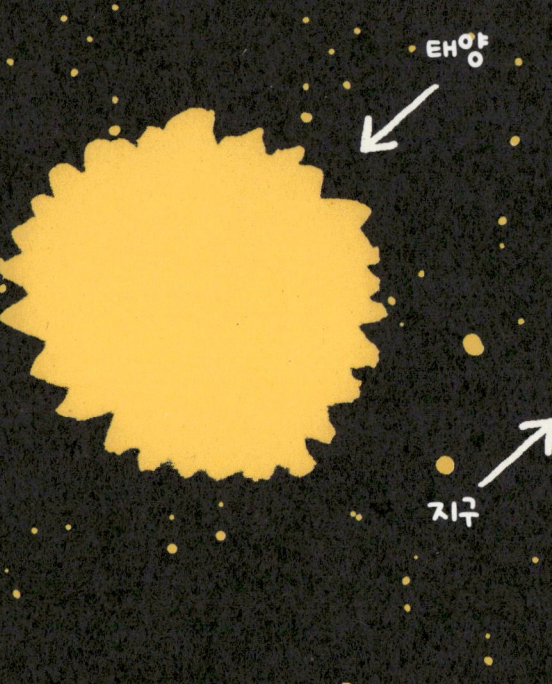